KÖNIGS ERLÄUTERUNGEN

Band 446

Textanalyse und Interpretation zu

Hans-Ulrich Treichel

DER VERLORENE

Rüdiger Bernhardt

Alle erforderlichen Infos für Abitur, Matura, Klausur und Referat
plus Musteraufgaben mit Lösungsansätzen

Zitierte Ausgabe:
Hans-Ulrich Treichel. *Der Verlorene.* Frankfurt am Main: Suhrkamp Verlag,
13. Auflage 2016 (suhrkamp taschenbuch 3061).

Über den Autor dieser Erläuterung:
Prof. Dr. sc. phil. Rüdiger Bernhardt lehrte neuere und neueste deutsche sowie
skandinavische Literatur an Universitäten des In- und Auslandes. Er veröffentlichte u. a. Monografien zu Henrik Ibsen, Gerhart Hauptmann, August Strindberg
und Peter Hille, gab die Werke Ibsens, Peter Hilles, Hermann Conradis und anderer sowie zahlreiche Schulbücher heraus. Von 1994 bis 2008 war er Vorsitzender
der Gerhart-Hauptmann-Stiftung Kloster auf Hiddensee. 1999 wurde er in die
Leibniz-Sozietät gewählt.

2. Auflage 2019
ISBN: 978-3-8044-2046-5
PDF: 978-3-8044-6046-1, EPUB: 978-3-8044-7046-0
© 2018 by Bange Verlag GmbH, 96142 Hollfeld
Titelabbildung: © picture alliance / ZP
Druck und Weiterverarbeitung: Tiskárna Akcent, Vimperk

1. DAS WICHTIGSTE AUF EINEN BLICK – SCHNELLÜBERSICHT

Damit sich jeder Leser in diesem Band rasch zurechtfindet und das für ihn Interessante gleich entdeckt, folgt eine Übersicht.

Im 2. Kapitel wird **Hans-Ulrich Treichels Leben** skizziert und auf den **zeitgeschichtlichen Hintergrund** verwiesen:

⇨ S. 13 ff.
→ Hans-Ulrich Treichel wurde 1952 in Westfalen geboren; seine Familie kam aus Ostpreußen. Flucht und Vertreibung wurden zum Thema des in Leipzig als Professor für Deutsche Literatur lehrenden Autors und Germanisten.

⇨ S. 18 ff.
→ Der auf der Flucht aus dem Osten 1945 verlorene Bruder ist Ausgangspunkt des Textes. Von ihm aus wird ein Bericht von 1945 bis in die 60er Jahre am Beispiel einer Familie gegeben.

→ Der Erzähler von Treichels Text will sich von der Belastung durch den verlorenen Bruder befreien.

→ Der Autor stammt aus der zweiten Generation nach Flucht und Vertreibung.

Im 3. Kapitel wird eine Textanalyse und -interpretation geboten.

Der Verlorene – Entstehung und Quellen:

⇨ S. 31 ff.
→ Der Text entstand, nach Anfängen 1995, zwischen 1996 und 1998.

→ Das Thema des *Verlorenen* ist autobiografischer Herkunft und hat sich zu einem Komplex in Treichels Schaffen geweitet. Das Material stammt aus der Familie des Autors; dem Autor diente es dazu, die „Leere der Kindheit"[1] – den „Morbus biographicus"[2] (autobiografische Entleerung) – zu beheben.

→ Von Bedeutung waren literarische Erinnerungen an Ostpreußen (u. a. von Lehndorff).

→ *Der Verlorene* stellt sich in eine Reihe mit ähnlichen Werken anderer Autoren (Christa Wolfs *Kindheitsmuster*, Christoph Heins *Von allem Anfang an*, Günter Grass' *Im Krebsgang* u. a.).

Inhalt:

Ein namenloser Ich-Erzähler erinnert sich an seinen Bruder Arnold, der im Kriegsjahr 1945 auf der Flucht aus Ostpreußen als Kleinkind verloren ging. Spät teilt die Mutter ihm das Schicksal dieses Bruders mit. Als man bei der Suche nach dem Bruder auf ein Findelkind stößt, welches der Vermisste sein könnte, wird der Erzähler in vergleichende Körperuntersuchungen einbezogen. Sie führen aber zu keiner befriedigenden Lösung. Die Enttäuschung darüber u. a. führen zum Tod des Vaters. Die Mutter übernimmt die Führung des Geschäfts. Der Revierpolizist Rudolph kümmert sich fortan um Mutter und Sohn, führt auch die Suche weiter, muss aber erfahren, dass das Findelkind inzwischen adoptiert worden ist. Eine Fahrt zu dem Findelkind wird ergebnislos abgebrochen, für den Erzähler ist der Anblick des inzwischen erwachsenen Findelkindes ein Schock.

⇨ S. 39 ff.

Chronologie und Schauplätze:

→ Das Ende des Zweiten Weltkriegs (1939–1945), Vertreibung und die Nachkriegszeit sind Themen des Berichtes, der nach dem Tod des Vaters 1964 und der ergebnislosen Suche nach dem Findelkind vom Erzähler geschrieben wird.

---

1 Treichel, *Der Entwurf des Autors*, S. 16.
2 Ein von Treichel entwickelter Begriff für die fehlende Autobiografie, die Leere der Kindheit, vgl. *Anatolin*, S. 57.

→ Ein anderes Thema sind die fünfziger Jahre des 20. Jahrhunderts in der Bundesrepublik mit dem Wirtschaftswunder.

→ Die Geschichte des „Verlorenen" beschreibt eine der zahlreichen Familien, die der deutsche Nationalsozialismus/Faschismus[3] aus ihrer Bahn geworfen hat. Sie hatten die historische Schuld der Deutschen mit der Heimat bezahlen müssen, sie wurden Vertriebene oder Umsiedler.[4]

→ Die Geschichten von Flucht und Untergang wurden in Werken z. B. Christa Wolfs und Günter Grass' gestaltet. Der Erzähler von Treichels Text ist wie sein Schöpfer ein Nachkriegsgeborener.

Aufbau:

⇨ S. 50 ff.

→ Treichels Text lässt sich als eine Art „Bericht" verstehen, in dem es um den Selbstwert des Ich-Erzählers geht, der auf Anlässe reagiert. Es handelt sich um eine Ich-Erzählsituation.

→ Strukturiert wird der Text nur durch drei Leerzeilen; in den vier Absätzen berichtet der Erzähler in einer Ich-Erzählsituation über sein Verhältnis zu dem verlorenen Bruder und erinnert seine Kindheit und Jugend im Schatten des Verlorenen.

---

3   Die Begriffe „Nationalsozialismus" und „Faschismus" werden in vorliegender Erläuterung synonym verwendet. Unter „Nationalsozialismus" versteht die Wissenschaft wertneutral eine Herrschaftsform, mit „Faschismus" wird der verbrecherische Charakter des Systems betont. Deshalb gibt es für die Gegner des Dritten Reichs auch nicht den Begriff der „Antinationalsozialisten", wohl aber den der „Antifaschisten". Sollen Unterscheidungen zwischen vergleichbaren Ländern hervorgehoben werden, wird vom „italienischen Faschismus" gesprochen. Vgl. Wolfgang Schivelbusch: *Entfernte Verwandtschaft. Faschismus, Nationalsozialismus und New Deal 1933-1939.* München: C. Hanser Verlag, 2005.

4   Die Begriffe „Vertriebene, Umsiedler, Flüchtlinge" werden synonym verwendet. Sie beziehen sich auf den Vorgang, dass nach dem Zweiten Weltkrieg vor allem im Osten und Südosten Deutsche ihre bisherige Heimat in Ostpreußen, Schlesien, Sudentenland usw. bis auf Ausnahmen verlassen mussten. Während der Begriff „Vertriebene" vor allem in der Bundesrepublik verwendet wurde und an den Verlust erinnern sollte („Vertriebenenverbände") – Treichel kritisierte den Begriff als „revanchistisch" in einem Gespräch in der Moritzbastei Leipzig (MDR Figaro 24. Oktober 2005, 15.00) –, war „Umsiedler" in der DDR die Sprachregelung, die den Neubeginn im anderen Siedlungsgebiet hervorhob. „Flüchtlinge" bezog sich in den Besatzungszonen unmittelbar nach dem Kriege auf den Vorgang der Flucht vor der Front.

→ Die Grundsituation erinnert an archetypische Situationen und
mythologische Figuren (Ödipus, Narziss) und bezieht ritualisierte Vorgänge (Essen, biblische Speisenvermehrung) ein.
Damit bekommt sie, wie der Titel andeutet, bedingt mythisch-
gleichnishaften Charakter (individualisiertes Massenschicksal).

→ Der Erzählvorgang wirkt spontan, auf Anlässe reagierend; zu
den wenigen Gestaltungsmitteln gehören seltene Zeitenwechsel und ein angedeuteter Erzählrahmen.

→ Die Ich-Erzählsituation vereinigt die Subjekt- und Objekt-
Position.

→ Von Bedeutung sind unfreiwilliger Witz und unbewusste Ironie
im Text, der dadurch simplizianische Züge bekommt.

Personen:

Der Erzähler   ⇨ S. 61 ff.

→ namenlos, zu Beginn seines Berichts etwa 15-jährig.

→ Seine Geburt ist möglicherweise Folge einer Vergewaltigung
(das „Schreckliche“, 80).

→ Er und die Familie stehen unter der Last des Verlorenen und des
„Schrecklichen“.

→ Fühlt sich gegenüber dem verlorenen älteren Bruder zurückgesetzt, hat eine Neigung zu Geheimnisvollem und eine
ursprüngliche Beziehung zu Russischem.

Der Verlorene (Arnold)   ⇨ S. 64 f.

→ Bruder des Erzählers, geb. 1943, verloren gegangen am
20. Januar 1945,

→ wird von den Eltern gesucht und möglicherweise als Findelkind
gefunden.

→ Die Ähnlichkeit zwischen dem Erzähler und ihm ist „verblüffend“ (55).

> → Die jahrelange Suche nach ihm wird am Ende des Textes abgebrochen.

⇨ S. 65

Die Eltern
→ sind Vertriebene aus dem „Osten" (7) und kamen nach Westfalen,
→ weitgehend geschichts- und traditionslos.

⇨ S. 65 f.

Der Vater
→ heißt ebenfalls Arnold, bäuerlicher Herkunft, seine Lebensdaten (1909–1964) stimmen mit denen von Treichels realem Vater überein.
→ hart, spießig und tyrannisch,
→ verlor nach beiden Kriegen Haus und Hof,
→ steigt in der Adenauer-Ära zum Großhandelskaufmann im Fleisch- und Wurstgroßhandel auf.

⇨ S. 66 f.

Die Mutter
→ bleibt namenlos, 1921 geboren (vgl. Treichel, *Anatolin*, S. 134)
→ „Schuld und Scham" belasten sie seit 1945, Ursachen unterschiedlich.
→ Das Wissen über die Vergangenheit hat der Erzähler von ihr.
→ Ihr Schuldgefühl ist vermutlich zweifach: Verlust des Sohnes, schwanger durch Vergewaltigung.

⇨ S. 67

Herr Rudolph
→ Revierpolizist, „ein Freund der Familie" (58),
→ sorgt sich nach dem Tod des Vaters „weiter um die Mutter" (141),
→ hilft bei der Suche nach Arnold.

Stil und Sprache:

→ Jugendliches Sprach- und Gestaltungsvermögen des Erzählers   ➪ S. 86 ff.
scheinbar ohne literarisierende Mittel
→ Wiederholungen zur Bewältigung des Gefühls der Bedeutungs-
losigkeit, als Ausdruck der territorialen Herkunft
→ Leitbegriffe (Schreckliches, Schuld, Scham) und Leitmotive
(Foto, Spiegel und Spiegelbild) organisieren den Text ebenso
wie Redundanzen und Wortfelder.
→ Stilmittel der Ironie und des Witzes

Verschiedene Interpretationsansätze bieten sich an:

→ Eine alltägliche Geschichte einer Familie nach 1945 wird   ➪ S. 98 ff.
durch den Verlust eines Sohnes zur Geschichte der deutschen
Niederlage im Zweiten Weltkrieg. Sie versucht, Schuld und
Scham zu bewältigen, bleibt aber dadurch in der Vergangenheit
befangen.
→ „Schuld und Scham" sind mehrfach interpretierbar. Der his-
torisch ahnungslose Erzähler bietet ein Panorama möglicher
Schuld- und Schamgefühle.
→ Er muss erleben, dass seine Individualität fast ausgelöscht wird.
→ Aus der privaten Familiengeschichte wird eine repräsentative
nationale Geschichte.
→ Der Erzähler versucht, allerdings mit ungenügenden Mitteln,
sich zu erkennen und zu finden und die „Leere der Kindheit"
zu überwinden.

Rezeptionsgeschichte:

→ von der Literaturkritik überaus positiv besprochen   ➪ S. 110 ff.
→ Kaum eine Interpretationsmöglichkeit wurde von Kritik und For-
schung ausgelassen.

→ Der Text wurde u. a. als Darstellung von Kriegsfolgen (Vertreibung) und westdeutschem Wirtschaftswunder gelesen.

→ Er zeige das Weiterleben faschistoiden Gedankenguts (Rassentheorien) in der Nachkriegsgesellschaft.

→ Würdigung der Bedeutung der Achtundsechziger

2.1 Biografie

2. HANS-ULRICH TREICHEL: LEBEN UND WERK

2.1 Biografie

Hans-Ulrich
Treichel (* 1952)
© picture-
alliance/dpa

JAHR	ORT	EREIGNIS	ALTER
1952	Versmold/ Westfalen	Am 12. August als Sohn einer Vertriebenenfamilie, spätere Tabakwarenhändler, geboren. Der Vater bekam während des Krieges einen polnischen Hof in Ostpreußen zur Bewirtschaftung. 1942 heiratete er.	
1958	Versmold	Einschulung in die Volksschule.	6
1959	Versmold	September: Treichels Eltern suchen erneut nach dem erstgeborenen Bruder Günther, geb. 24. September 1943, den sie am 20. Januar 1945 verloren.	7
1962	Versmold	Besuch der Jugenddorf-Christophorus-Schule.	10
1968	Schlüchtern	Besuch der Ulrich-von-Hutten-Schule bis 1970.	16
1970	Hanau	Besuch der Hohen Landesschule bis 1972.	18
1972	Berlin	Studium der Germanistik, Politologie und Philosophie an der FU bis 1979. Fiktiv stilisiert sieht ein Alter Ego sich in der Zeit als „melancholischen, geschichts- und beinahe ichlosen Ostwestfalen"[5].	20
1975		Reisen nach Griechenland und Italien.	23

---

5   Treichel, *Der Entwurf des Autors*, S. 39.

2.1 Biografie

JAHR	ORT	EREIGNIS	ALTER
1976		Bekanntschaft mit dem Komponisten Hans Werner Henze, mehrere Libretti für ihn geschrieben. Im Roman *Tristanakkord* (2000) die Zusammenarbeit verarbeitet.	24
1978		*Nicht ewig auch unbelehrbar. Gedichte.*	26
1979	Berlin	Erste wissenschaftliche Staatsprüfung: Deutsch, Sozialkunde. *Ein Restposten Zukunft. Gedichte.*	27
1981	Salerno/ Italien	Lektor für deutsche Sprache bis 1982 an der Universität.	29
1982	Berlin	*Tarantella. Gedichte.*	
1984	Berlin	Promotion mit *Fragment ohne Ende. Eine Studie über Wolfgang Koeppen.*	32
	Pisa/Italien	Lektor für deutsche Sprache an der Scuola Normale Superiore bis 1985.	
	Köln/Berlin	*Aus der Zeit des Schweigens. Neun Lieder für Arthur Rimbaud.*	
		Ein Oratorium, Atta Troll, Musik: David Graham. Weitere Libretti.	
1985	Darmstadt	Leonce-und-Lena-Preis beim „Literarischen März".	33
1985–91	Berlin	Wissenschaftlicher Mitarbeiter am Fachbereich Germanistik der Freien Universität.	33–39
1986	Frankfurt a. M.	*Liebe Not. Gedichte.*	34
		Wolfgang Koeppens *Gesammelte Werke in sechs Bänden,* hrsg. von Marcel Reich-Ranicki, in Zusammenarbeit mit Dagmar von Briel und Hans-Ulrich Treichel.	

2.1 Biografie

JAHR	ORT	EREIGNIS	ALTER
1988	Rom	Ab April: Stipendiat der Villa Massimo. In poetischer Überhöhung lässt er einen Erzähler über diese Zeit schreiben: „Ich hatte mich seit meiner Kindheit wohl nirgends so gelangweilt wie in der Villa Massimo."[6] Versuche in Prosa.	36
1990	Berlin	*Das verratene Meer, Venus und Adonis* (1997) u. a. Libretti für Hans Werner Henze, *Le Précepteur/Der Hofmeister* (nach J. M. R. Lenz, Musik: Michèle Reverdy), UA: 14. Mai.	38
		Seit Tagen kein Wunder. Gedichte.	
1992		*Von Leib und Seele* (Berichte).	40
1993	Berlin	Habilitation: *Auslöschungsverfahren. Exemplarische Untersuchungen zur Literatur und Poetik der Moderne.*	41
	Bremen	Förderpreis zum Bremer Literaturpreis.	
1994		*Der einzige Gast. Gedichte.*	42
1995		11. August: Heirat mit Ulrike Brunotte.	43
	Leipzig	Professor am Deutschen Literaturinstitut der Universität.	
1997		*Sinfonia N. 9* von Hans Werner Henze. *Dichtung auf Anna Seghers' Roman Das siebte Kreuz.* UA 11. September.	45
1998	**Frankfurt**	**Der Verlorene.** Mitglied des PEN.	46
2000		*Tristanakkord* (Roman).	48
		Poetik-Dozentur. – *Der Entwurf des Autors (Frankfurter Poetikvorlesungen).*	

---

6   Ebd., S. 102.

2.1 Biografie

JAHR	ORT	EREIGNIS	ALTER
		Über die Schrift hinaus. Essays zur Literatur.	
2002		*Der irdische Amor* (Roman).	50
		Gespräch unter Bäumen. Gesammelte Gedichte.	
2003		Margarete-Schrader-Preis für Literatur der Universität Paderborn.	51
		Annette-von-Droste-Hülshoff-Preis.	
	Berlin	**Theaterfassung des *Verlorenen*, Uraufführung am 28. 8. in den Sophiensälen (Textadaption und Regie: Boris von Poser); Drehbuch zum *Verlorenen* von Ruth Toma (Deutsche Columbia Pictures, Juni 2003).**	
2005		*Wie werde ich ein verdammt guter Schriftsteller? Berichte aus der Werkstatt,* hrsg. von Josef Haslinger und Hans-Ulrich Treichel.	53
		Der Felsen, an dem ich hänge. Essays und andere Texte.	
		Menschenflug. Roman. Hermann-Hesse-Preis (Karlsruhe).	
2006		Eichendorff-Literaturpreis, Deutscher Kritikerpreis.	54
		Caligula. Oper von Detlev Glanert. Libretto von Hans-Ulrich Treichel.	
2007	Frankfurt a. M.	*Der Papst, den ich gekannt habe.* Preis der Frankfurter Anthologie.	55
	Berlin	Wolfgang Koeppen: *Werke in 16 Bänden.* Berlin 2007 ff. Bisher erschienen die Bände 1, 2, 5, 6, 7, 8, 9, 10 und 16.	

2.1 Biografie

JAHR	ORT	EREIGNIS	ALTER
2008	Frankfurt a. M.	*Anatolin. Roman.*	56
2010	Berlin	*Grunewaldseee. Roman.*	58
2012	Hamburg	*Mein Sardinien. Eine Liebesgeschichte.*	60
2014	Berlin	*Frühe Störung. Roman.*	62
2015		**ARD-Verfilmung unter dem Titel *Der verlorene Bruder* (Regie: Matti Geschonnek, Buch: Ruth Toma).**	63
2016	Berlin	*Tagesanbruch. Erzählung.*	64

2.2 Zeitgeschichtlicher Hintergrund

2.2 Zeitgeschichtlicher Hintergrund

ZUSAMMEN-FASSUNG

→ Treichels Text erinnert an die Zeit des Kriegsendes 1945 (Flucht, Vertreibung) bis hin zur folgenden Nachkriegs-zeit (Adenauer-Ära).

→ Der historische Hintergrund des Textes sind vor allem die fünfziger und frühen sechziger Jahre des 20. Jahrhunderts in der Bundesrepublik mit dem sogenannten Wirtschafts-wunder und dem Slogan „Wohlstand für alle"[7].

→ *Der Verlorene* beschreibt eine Vertriebenen-Familie, die vom deutschen Faschismus und seinen Folgen aus der Bahn geworfen wurde, die ihre Mitschuld oder Mitver-antwortung jedoch nicht einzusehen vermag und die im Grund wie zuvor weiterzuleben versucht.

→ Deshalb bleibt die NS-Vergangenheit für alle Figuren des Textes – nicht anders als für viele Deutsche jener Jahre – unreflektiert, unbewältigt und ist mit ihren Prinzipien und Thesen untergründig noch immer gegenwärtig.

Krieg, Flucht und Vertreibung

Generation der Achtundsechziger

Um das Jahr 1964 denkt ein junger Mann, er ist etwa fünfzehn Jahre[8] alt, in Ostwestfalen über die Suche nach seinem Bruder nach, der im Herbst 1943 in Ostpreußen geboren worden ist.[9] Vom Alter

---

8 Die Literaturkritik setzt das Geburtsjahr des Erzählers meist, falls sie darauf eingeht, nach 1950, also der Biografie des Autors folgend (geb. 1952), an. Die vorliegende Erläuterung geht dagegen vom Herbst 1945 als Geburtszeitraum aus. Zu den Gründen s. S. 61 f.

9 Die Zeitangabe ergibt sich aus dem Vorgang: Arnold kann noch nicht selbstständig laufen und wird deshalb einer fremden Frau „in die Arme" (15) gelegt. Treichel fand im Nachlass des Vaters ein Dokument (vgl. Treichel, *Der Entwurf des Autors*, S. 24 f.), das den Verlust des 16 Monate alten Bruders Günther (geb. 24. September 1943) bestätigte.

2.2 Zeitgeschichtlicher Hintergrund

her gehört der Ich-Erzähler zur Generation der späteren Achtundsechziger. Durch sie kam es in der Bundesrepublik zu Spannungen zwischen der Nachkriegsgeneration und der den Krieg überlebenden älteren Generation; mitbeeinflusst wurde die westdeutsche Bewegung durch die Integration der Flüchtlinge und Umsiedler in beiden deutschen Staaten. Der Verlorene – Titelgestalt des Berichts – ging als Kleinkind am 20. Januar 1945 auf der Flucht der ostpreußischen deutschen Bevölkerung in einem Treck vor der vorrückenden sowjetischen Roten Armee verloren. Mit solchen Trecks verließen die Deutschen Anfang 1945 ihre Heimat im Osten, nachdem der von Deutschland ausgelöste Weltkrieg Verbrechen über die Welt gebracht hatte und nun auf seine Verursacher zurückschlug.

Das **Thema der Flucht aus dem Osten** entwickelte sich zu einem zentralen Thema in Treichels Schaffen, variiert in mehreren Romanen, Essays und Erzählungen, um das sich alle anderen zeitgenössischen Themen gruppieren. Dadurch wurde das Ende des Zweiten Weltkrieges zu *einem* zeitlichen Hintergrund des Berichts und zur Grundlage für andere Themen aus Wirtschaft, Medizin und Geschichte. Der Krieg, den die Deutschen und ihre Verbündeten in die Welt getragen hatten, fand zuletzt auch in Deutschland statt. Die Vergeltung, die die Alliierten nahmen, war teils schrecklich und nahm auf persönliche Unschuld keine Rücksicht. Vergewaltigungen und schnelle Verurteilungen bzw. Hinrichtungen waren in dieser Endphase des Krieges verbreitet.

Zweiter Weltkrieg als historischer Ausgangspunkt

Die Ursachen für den Verlust des Kindes werden von den Eltern des Erzählers allerdings nicht in den faschistischen Verbrechen gesehen, sondern hinter moralischen Versatzstücken wie „das Schreckliche" (80) bzw. „Schuld und Scham" (17) versteckt. Dabei bezieht sich „Schuld" nicht auf die Zustimmung der Eltern zum Nationalsozialismus oder auf ihr Einverständnis mit dem durch die Deutschen

Moralische Versatzstücke

2.2 Zeitgeschichtlicher Hintergrund

über die Welt gebrachten Elend. Sie waren, wie ihre Urteile über die polnischen Mitbewohner bestätigen, als typische Vertreter der damaligen deutschen Bevölkerung mindestens moralisch mitverantwortlich. Stattdessen fühlen die Eltern „Schuld", weil sie aus Angst vor den Russen ihren Erstgeborenen auf der Flucht „verloren" hatten. Nach dem Krieg verdrängen die Eltern des Erzählers die deutsche Schuld, schaffen sich eine Ersatzwirklichkeit oder – wie die Mutter – eine eigene Wirklichkeit, die Realitäten nicht anerkennt. Ihr Begriff von „Schuld" klammert eine historische Schuld gerade aus, „Scham" bedeutet für sie nur ein Versagen im Privaten. Da der Vorgang nur privat gesehen wird, kann der Erzähler von der durch „Schuld und Scham vergifteten Atmosphäre" (17) in der Familie sprechen.

Eingeschränkter Blick auf Wirklichkeit

Andere Wirklichkeitsbereiche – z. B. die Schicksale der Nichtvertriebenen, die 1945 sofort mit dem Wiederaufbau begannen, der rückkehrenden Exilanten, die sich oft an die Schalthebel der Politik stellten oder von den Besatzungsmächten gestellt wurden und vieles andere – geraten nicht ins Blickfeld des Erzählers und können dem Bericht auch nicht abgefordert werden.

Das auslösende Ereignis in Treichels Text geschah am 20. Januar 1945: Die Deutschen versuchten aus Ostpreußen kommend über das zugefrorene Haff rettende Häfen zu erreichen und über das Meer zu entkommen. Es war ein Wettlauf mit dem Tod.[10] Die Familie des Erzählers war mitten in diesem Flüchtlingsstrom „westlich von Königsberg" (14)[11], bis 1945 Hauptstadt Ostpreußens.

Familiäre Folgen von Flucht und Vertreibung

Die Erfahrung dieser Flucht wirkte sich auf die politische Entwicklung nach dem Krieg und den Umgang vieler Deutscher mit

---

10 Vgl. dazu: Knopp, S. 10 ff.
11 Vgl. Anmerkung 38: Die Verwendung des Stadtnamens „Königsberg" war zufällig und wurde, auch als Reaktion auf einen Leserbrief, in späteren Auflagen durch „Konin" ersetzt wie in der von Jürgen Krätzer herausgegebenen Ausgabe für die Suhrkamp BasisBibliothek (SBB 60), S. 13.

2.2   Zeitgeschichtlicher Hintergrund

ihrer Vergangenheit aus. Lehren sollten gezogen werden, die Ergebnisse aber sind ernüchternd. In Treichels Bericht gibt es keine Schlussfolgerungen durch den Erzähler, der am Ende „nichts sagen" kann (175). Daran sind die Eltern schuld, die beim Umgang mit der Vergangenheit versagt haben. Die Entnazifizierung erwies sich als Worthülse.

Einen literarischen Tabubruch beging Treichel mit seinem 1998 erschienenen Bericht nicht, als er die Folgen von Flucht und Vertreibung 1945 in seiner Familiengeschichte verfolgte. Die deutsche Literatur insgesamt machte Vertriebene thematisch zwar nicht besonders auffällig, aber sie waren in wichtigen Werken und quantitativ durchaus umfänglich vorhanden.[12] Gerade die Literatur in der DDR steuerte bedeutende Werke bei: Johannes Bobrowskis Gesamtwerk, Christa Wolf (*Kindheitsmuster*), Helga Schütz (*Vorgeschichten, Schöne Gegend Probstein* u. a.[13]), Helmut Sakowski (*Wege übers Land*), Elisabeth Schulz-Semrau (*Suche nach Karalautschi*), Armin Müller (*Der Puppenkönig und ich*) und andere. Die Frage, ob im außerliterarischen Bereich zu wenig über die Schrecken von Flucht, Vertreibung und Bombardierung gesprochen worden ist, beantwortete DIE ZEIT im Jahr 2002 so:

*Tabuthema
Vertreibung?*

„In Wirklichkeit ist nichts beschwiegen worden. Ein unendlich breiter Strom mündlicher Überlieferung hat die Erlebnisse in Krieg und Bombennächten bis in die Gegenwart getragen, unvergessen auch die *Gustloff* auf den Familienfeiern der sechziger und siebziger Jahre – Rituale der Klarstellung, wer wirklich gelitten hat und wer nicht (...)"[14].

---

12   Vgl. Sascha Feuchert (Hrsg.): *Flucht und Vertreibung in der deutschen Literatur*. Frankfurt a. M.:
     Peter Lang Verlag, 2001.
13   Vgl. Rüdiger Bernhardt: *Die alten und die neuen Heimaten der Helga Schütz*. In: Marxistische
     Blätter, Nr. 3, Essen, 2000, S. 77 ff.
14   Thomas E. Schmidt: *Ostpreußischer Totentanz*. In: DIE ZEIT, Nr. 8 vom 14. Februar 2002, S. 33.

2.2 Zeitgeschichtlicher Hintergrund

Deutscher Flüchtlingstreck aus den Ostgebieten im Januar/Februar 1945
© ullstein bild – Arthur Grimm

Der Literaturkritiker Volker Hage bot im *Spiegel*[15] eine umfangreiche Liste einschlägiger Literatur.

---

15   Volker Hage: „*Das tausendmalige Sterben*". In: Der Spiegel, Nr. 6, 2002, S. 188.

2.2 Zeitgeschichtlicher Hintergrund

Die Zeit des westdeutschen Wirtschaftswunders

In den fünfziger Jahren des 20. Jahrhunderts hatte in der Bundesrepublik das Wirtschaftswunder mit dem Slogan „Wohlstand für alle" begonnen. An dieser Entwicklung hatten die Vertriebenen und Flüchtlinge, die keinen leichten Start in den westdeutschen Besatzungszonen, später der Bundesrepublik hatten, großen Anteil, weil sie bestrebt waren, ihren früheren Wohlstand wieder herzustellen. Den erreicht auch die Familie des Erzählers in Treichels fiktivem Bericht: Der Vater arbeitet sich von einer Leihbücherei über ein Lebensmittelgeschäft zum erfolgreichen Fleisch- und Wurstgroßhändler empor und wird zur Inkarnation des Wirtschaftswunders. Ehe er den Höhepunkt seiner Karriere als Großhändler mit marktbeherrschender Position erreicht, stirbt er. Es bleibt ihm keine Zeit, sich der Vergangenheit zu stellen, die von ihm nur beiläufig erwähnt wird. So gibt es für den Erzähler nichts, „was einer Aussprache auch nur annähernd gleichgekommen wäre" (12). Die Mutter hat mit dem immer aufwendigeren Haushalt zu tun, „umso weniger konnten die Scham und die Schuld sich ihrer bemächtigen" (32). So bleibt für den Erzähler die familiär verkündete und auch gelebte Scham bzw. Schuld verschwommen und wird nicht konkretisiert. Erst im Krankenhaus findet die Mutter Zeit zur Erinnerung: Sie verbringt den Aufenthalt mit nichts anderem, „als an die Vergangenheit zu denken, den Krieg, die Flucht und das Schreckliche, das ihr zugestoßen war" (80).

Die Erinnerungen der Mutter bleiben allgemein; so werden sie an den heranwachsenden Erzähler übergeben. Die Vergangenheit bleibt für alle Figuren unreflektiert, unbewältigt und ist mit ihren Prinzipien und Thesen untergründig noch immer gegenwärtig. Der Vater verwendet faschistoide Werturteile wie „Polenwirtschaft" (76) und rassistische Vorurteile gegenüber Polen und Russen – letzteren war nach Aussagen der Eltern des Erzählers „alles zuzutrauen"

Die Leistung der Vertriebenen

Wiedererlangter Wohlstand

Weiterleben der Vergangenheit

2.2 Zeitgeschichtlicher Hintergrund

(25) – selbstverständlich und unkritisch (110 f.). Der Vater ist sich weder einer Schuld bewusst, noch schämt er sich. Nicht nur die Familie des Erzählers vernachlässigt und versäumt eine Auseinandersetzung mit der Vergangenheit, das betrifft in Treichels Text auch andere soziale Schichten: Der Heidelberger Medizinprofessor Freiherr von Liebstedt geht nicht nur ungebrochen mit rassistischen Ansichten und Methoden um, sondern vertritt um 1960 noch immer nationalsozialistische erb- und rassenbiologische Theorien und antipolnisch-antisowjetische Vorurteile. Wirtschaftlicher Aufstieg, so erlebt es der Erzähler, verläuft parallel zur Beibehaltung nationalistischer Inhalte.

Die Geschichte einer deutschen Familie nach dem Zweiten Weltkrieg

Die Geschichte des *Verlorenen* beschreibt eine der zahlreichen deutschen Familien, die der Faschismus und seine Folgen aus ihrer Bahn geworfen hatte; das gehörte zur deutschen historischen Schuld. Für die Familie des Erzählers bleibt die Vergangenheit Gegenwart. Fast 15 Jahre nach dem Kriegsende bezeichnen sie den verlorenen Osten immer noch als „zuhaus" (7). Kriegsende, Flucht, Vertreibung und die Nachkriegszeit bis Anfang der sechziger Jahre des 20. Jahrhunderts, einer Familie aufgelegt, sind das Thema des Erzählers. Er spricht darüber, was die Eltern ihm mitgeteilt oder verschwiegen haben, er wurde erst nach Kriegsende, vermutlich im Herbst 1945, geboren.[16] Es entstand eine typische Sicht der „Opfer", nicht der „Täter". Der Anfang der erzählten Zeit benutzt Reizwörter: Krieg, „im letzten Kriegsjahr", „Osten" (7). Durch diese Wörter wird der Zweite Weltkrieg und aus diesem der Krieg im Osten erkennbar. Das Ende der erzählten Zeit wird deutlich an Automarken: Auch

Typische Opferperspektive

Bedeutung der Automarken

--- --- ---

16 Vgl. dazu S. 61 f.

2.2 Zeitgeschichtlicher Hintergrund

im Roman *Tristanakkord* (2000) werden Befindlichkeiten oft durch Automarken signalisiert. *Der Verlorene* beginnt mit dem „silbergrau lackierten Ford", dem „sogenannten Buckeltaunus" (21), führt über einen Opel Olympia und einen Opel Kapitän, eine „schwarze Limousine mit (...) Haifischzähnen" (21), und endet beim Opel Admiral (vgl. 80), mit dem sich der Vater zum Admiral erhoben sieht (ebd.).

Am Ende des 20. Jahrhunderts begann im wiedervereinigten Deutschland eine umfassender werdende Debatte über das Leid der Deutschen am Ende des Zweiten Weltkrieges, besonders das der Vertriebenen, Bombengeschädigten und Internierten. Waren solche Schicksale bis dahin als furchtbar, aber vergangen interpretiert worden, entstand nach W. G. Sebalds Zürcher Poetikvorlesungen *Luftkrieg und Literatur* (1999), Günter Grass' Novelle *Im Krebsgang* (2002) und Jörg Friedrichs historischem Werk *Der Brand* (2002) eine umfangreiche Diskussion, die deutsche Betroffene als individuelle Opfer sah, ohne ihre moralische Mitverantwortung oder individuelle Schuld zu leugnen. Doch wurde die Diskussion auch zum Anlass genommen, um historische Ursachen und Gründe zu verstellen und den Opferstatus der Deutschen zu verselbstständigen. Das Ausland, besonders Polen, nahm diese Veränderung in der Beurteilung in Deutschland mit Besorgnis zur Kenntnis.

Die Debatte nach 2002

2.3 Angaben und Erläuterungen zu wesentlichen Werken

ZUSAMMEN-
FASSUNG

→ Hans-Ulrich Treichels literarisches Werk beschäftigt sich von Beginn an mit der deutschen Vergangenheit, in Auseinandersetzung mit der eigenen Familiengeschichte. Dem stellt er die Entwicklung in den Wirtschaftswunderjahren der Bundesrepublik gegenüber.

→ Dieses bestimmende Thema überschreitet die Gattungsgrenzen und findet sich in Treichels Lyrik ebenso wie in seiner Prosa und in literaturwissenschaftlichen Arbeiten.

→ Es entsteht eine Tetralogie über den „Morbus biographicus", ehe in Treichels Werk das Thema Heimat, Sehnsucht und Ferne durch das Thema des Südens (Italien, Sardinien) erweitert wird.

Zentrale Themen
auch im lyrischen
Werk

→ *Liebe Not.* **Gedichte (1986)**: In Treichels Lyrik finden sich Gedichte, die mit dem Gegenstand des *Verlorenen* – Krieg, Vertreibung, Herkunft, Eltern – korrespondieren. Selbst einzelne Bilder wie in *Deine polnischen Flüche* (aus: *Liebe Not*) kehren wieder: „... vom schwarzen Auto mit den / Haifischzähnen, in dem wir sonntags / durch die Wälder fuhren" (vgl. *Liebe Not,* S. 21). Treichel machte sich zuerst als Lyriker einen Namen; seine Gedichte zeichnen sich durch eine melancholische Stimmung aus, besitzen aber teils eine hintergründige Ironie. Thema war in ihnen der Alltag, die Liebe, die Eltern und der Tod.

2.3 Angaben und Erläuterungen zu wesentlichen Werken

→ *Der Schatten des Verschwindens.* **Adelbert von Chamisso:** **Peter Schlemihls wundersame Geschichte *(1814)*[17] (1993):** Treichels literaturwissenschaftliche Arbeit schafft zum *Verlorenen* einen literaturhistorischen Vergleich, zum schattenlosen Schlemihl den gesichtslosen Erzähler Treichels. Treichel widmete sich dem Motiv des Doppelgängers, den Spiegelspielen und dem „Stigma der Schattenlosen". Sein namenloser und – nimmt man die Beschreibung der Fotos im Text als Maßstab – fast gesichtsloser Erzähler im *Verlorenen*, der eine Entsprechung zum Schattenlosen darstellt, empfindet sich als beschädigtes Individuum, auf den der Schatten anderer fällt (vgl. 8). Der gesuchte Bruder, der Verlorene, fällt zudem wie ein Schatten auf den jüngeren Bruder und nimmt ihm dessen Individualität, ehe sich beide zu erkennen scheinen (vgl. 174). In Chamissos Novelle fand Treichel eine psychologisch angelegte Beschreibung der Selbstfindung/Selbsterkenntnis für den *Verlorenen*.

Gesichtslos statt schattenlos

→ *Heimatkunde oder Alles ist heiter und edel. Besichtigungen* **(1996):** Die gesammelten Geschichten erinnern teils an die Väter der Treichel-Generation, die den Krieg überstanden haben und in der Nachkriegszeit neue Lebenspläne machten. Der Vater in *Der Verlorene* stammt aus dieser Generation.

Die Väter der Treichel-Generation

→ *Der Verlorene* **(1998)**

→ *Tristanakkord* **(2000):** Der Roman hat thematisch wenig mit dem *Verlorenen* zu tun. Aber die literarische Hauptgestalt, die Züge des Autors trägt (Herkunft aus Norddeutschland, aufgewachsen im Emsland, Studium der Germanistik u. a.),

Verwandter Protagonist

---

17 Hans-Ulrich Treichel: *Der Schatten des Verschwindens. Adelbert von Chamisso: Peter Schlemihls wundersame Geschichte (1814)*. In: Winfried Freund (Hrsg.): Deutsche Novellen. Von der Klassik bis zur Gegenwart. München: Wilhelm Fink Verlag, 1993 (UTB für Wissenschaft 1753), S. 37–45.

2.3 Angaben und Erläuterungen zu wesentlichen Werken

HERKUNFT UND BEHANDLUNG DES THEMAS *DER VERLORENE*

Autobiografische Grundierung: seit der Kindheit in einer Vertriebenenfamilie, seit 1959 Suche der Eltern nach dem im Januar 1945 verlorenen Sohn

→ Lyrik wie *Deine polnischen Flüche, Die Väter* aus: *Liebe Not* (1986)

→ Geständnis der Mutter über den Verlorenen (1991), neue Inhalte der Kindheit

→ Flucht und Vertreibung z. B. als Thema bei Hans von Lehndorff: *Menschen, Pferde, weites Land* (1980)

→ Ein literaturwissenschaftlicher Vergleich: 1993 *Der Schatten des Verschwindens. Adelbert von Chamisso: Peter Schlemihls wundersame Geschichte* (1814).

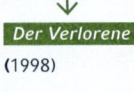

Der Verlorene (1998) → Das Thema essayistisch und theoretisch behandelt u. a. in *Lektionen der Leere* (2000) → 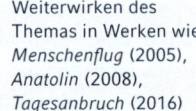 Weiterwirken des Themas in Werken wie *Menschenflug* (2005), *Anatolin* (2008), *Tagesanbruch* (2016)

Insgesamt entsteht eine Tetralogie über den *Morbus biographicus**, die Heimatverlust, Heimatsuche und die individuelle Biografie behandelt.

* Morbus biographicus: Bedeutung „leere (kranke) Biographie" = fehlende Autobiografie/Kindheit

denkt über das Thema für eine Dissertation (Doktorarbeit) mit dem Titel *Das Vergessen in der Literatur* nach.[18]

„Leere der Kindheit"

→ ***Frankfurter Poetikvorlesungen* (2000)**, darin: ***Lektionen der Leere*:** Die erste der Frankfurter Poetikvorlesungen Treichels nennt Ursachen und Details der Entstehung des *Verlorenen*. Während Literatur Erfahrungen zum Anlass hat, sieht sich Treichel auf die „Leere der Kindheit" als „prägendste Kind-

———

18 Vgl. Treichel, *Tristanakkord*, S. 193.

2.3 Angaben und Erläuterungen zu wesentlichen Werken

heitserfahrung" verwiesen.[19] Die Vorlesungen geben eine
literaturtheoretische Grundlage für die ästhetisch-historische
Beurteilung des *Verlorenen* im Gesamtwerk des Autors und
verschaffen einen Überblick über die familiengeschichtlichen
Grundlagen des Werkes. Gleichzeitig weisen die Texte Treichel
als Kenner der und Spieler mit Literatur aus. Bereits die nicht
als Zitat ausgewiesene Eröffnung „Tief ist der Brunnen der
Vergangenheit" (*Der Entwurf des Autors*, 11) weist auf eine
Leitfigur Treichels hin: Thomas Mann. Der Satz eröffnet Thomas Manns Vorspiel *Höllenfahrt* der Tetralogie *Josef und seine
Brüder*.

Thomas-Mann-
Anspielung

→ **Menschenflug (2005)**: Der introvertierte Romanheld Hans-
Stephan erinnert sich im 1. Teil an seinen Bruder, „einen
sechzehn Monate alten Jungen", den die Eltern im Krieg zu-
rücklassen mussten und über den er „vor längerer Zeit ein
Buch geschrieben" hat, den *Verlorenen*.[20] Der Roman spielt
mit den biografischen Vorgaben des Autors, reflektiert die Wirkung des *Verlorenen* und die Rezeption durch Übersetzungen,
beim Sprachunterricht, auf dem Theater und durch den Film
(*Menschenflug*, S. 30 f.). Damit verweist die **zweite Version
der Ereignisse** auf den Ausgangspunkt. Der Roman nimmt
Elemente des *Verlorenen* wieder auf, skizziert die Handlung des
Berichts und setzt sie autobiografisch orientiert fort. Die Blick-
Begegnung zwischen dem Ich-Erzähler und dem Findelkind
am Ende des *Verlorenen* wird als wirkliche Begegnung zweier
älterer Herren wiederholt, die wie die frühere ergebnislos
verläuft.

Spiel mit Autor-
biografie

---

19 Treichel, *Der Entwurf des Autors*, S. 16.
20 Treichel, *Menschenflug*, S. 15.

2.3 Angaben und Erläuterungen zu wesentlichen Werken

Eine dritte Version

→ *Anatolin.* **Roman (2008):** Die Ereignisse des *Verlorenen* sind für die dritte Version des Geschehens die Grundlage. Gesucht werden die sicheren Positionen der Familiengeschichte, die eigene Vergangenheit ebenso wie die des historischen Verlaufs.

Die verschwiegene Wahrheit

→ *Tagesanbruch.* **Erzählung (2016):** Ihrem toten Sohn, der Züge des Erzählers aus dem *Verlorenen* und auch des Autors trägt, erzählt eine Mutter, die mit der Mutter des Erzählers und des Autors verwandt ist, das, was sie bisher verschwiegen hat: die Vergewaltigung („Man muss alles aussprechen.", *Tagesanbruch*, S. 71). Aus der Trilogie wurde eine Tetralogie.

Das Zentrum der Bekenntnisse, das die Mutter nach langer Vorbereitung gegen Ende ihres Monologes erreicht, berichtet von ihrer dreifachen Vergewaltigung durch Russen, bei der ihr Mann „nur einige Meter entfernt" stand (*Tagesanbruch*, S. 67). Seit diesem Tage sind sich beide „verloren gegangen" (*Tagesanbruch*, S. 72) – der Titel des *Verlorenen* klingt in anderem Zusammenhang an – und dennoch versuchte sie alles, um von ihrem Mann schwanger zu werden: Dann würde neben den drei Russen „auch er der Vater sein können" (*Tagesanbruch*, S. 74). Nach neun Monaten brachte sie „einen Sohn zur Welt" (*Tagesanbruch*, S. 75); in den Eltern nagte jedoch der Zweifel über seine Herkunft, die Mutter sah in ihm gegen ihren Willen „das Russenkind" (*Tagesanbruch*, S. 76). Die Geburt an „einem heißen Augusttag" wird auch an anderer Stelle erwähnt (*Anatolin*, S. 37).

3. TEXTANALYSE UND -INTERPRETATION

3.1 Entstehung und Quellen

ZUSAMMEN-
FASSUNG

→ Der Text entstand zwischen 1996 und 1998; Anfänge reichen bis 1995 zurück.

→ Das Thema des *Verlorenen* ist autobiografischer Herkunft und hat sich in Treichels literarischem Schaffen zu einem umfangreichen Komplex geweitet.

→ Das Material stammt aus der Familiengeschichte des Autors.

→ Aus den objektiven Erinnerungen des Autors entstand eine fiktive, in diesem Falle: eine mögliche Kindheit.

→ Einfluss auf die Konzeption hatten literarische Erinnerungen an Ostpreußen (Lehndorff u. a.).

→ *Der Verlorene* ist vergleichbar ähnlichen Werken anderer Autoren (Christa Wolfs *Kindheitsmuster*, Christoph Heins *Von allem Anfang an,* Günter Grass' *Im Krebsgang* u. a.).

Voraussetzungen und Entstehung seit 1995

Die Initialzündung zu Treichels Text war die Mitteilung der Mutter des Autors an ihren Sohn Anfang der neunziger Jahre, sein älterer Bruder sei gar nicht gestorben, sondern während der panischen Flucht der Familie aus dem Osten verloren gegangen. Begonnen hatte die Arbeit an dem Text 1995, als sich der Autor nach dem Tod der Mutter mit Familiendokumenten beschäftigte, die deren Bericht vom Verlust ihres erstgeborenen Sohnes enthielten. Dabei befand sich das Foto, dessen Beschreibung den Text eröffnet (vgl. 7), der zwischen 1996 und 1998 geschrieben wurde. Der Vorabdruck be-

Späte Mitteilung
der Mutter

3.1 Entstehung und Quellen

gann bereits am 29. Oktober 1997 in der *Frankfurter Allgemeinen Zeitung* (F.A.Z.), die das Werk mit den Worten ankündigte, dass der Autor „Schrecken und Trauer an der leicht gekräuselten Oberfläche der Sprache"[21] verstecke. Treichel selbst konstatierte über sich und seine Studienzeit in Berlin (1972–1979) mit erzählerischer Freiheit, dass er kein Gefühl für geschichtliche Vorgänge besessen habe, „ich hatte im Wortsinne keine Geschichtszeit"[22]. Seine entscheidende Kindheitserfahrung war „die Leere der Kindheit"[23]. *Der Verlorene* diente auch dazu, diese Leere, eine den Autor traumatisch belastende Erfahrung, nachträglich zu füllen.

„Die Leere der Kindheit"

Dokumente im elterlichen Nachlass

Im Nachlass von Treichels Mutter fanden sich Gutachten und Fotos, die die Suche der Eltern nach ihrem Erstgeborenen belegen. Der Autor teilte in seinen Poetikvorlesungen außerdem einen Bericht des Vaters über den Verlust des Sohnes im Januar 1945 mit. *Der Verlorene* entstand im Anschluss an Treichels zweiten Prosaband *Heimatkunde* (1996), in dem Nachkriegszeit und Gegenwart in ihren gegenseitigen Beziehungen beschrieben werden. Zusätzlich Einfluss hatte das Gefühl der Vertriebenen, an den neuen Orten im Westen keine Heimat gefunden zu haben: „Ich sehnte mich aber sehr wohl nach der Erfüllung einer Leere, die meine Kindheit war."[24]

Heimweh ohne Heimat – Westberlin als Ersatz

Für Treichel bedeutete die Wiedervereinigung der beiden deutschen Staaten 1990 den persönlichen Verlust seiner bisherigen Lebensordnung; der „Verlust Westberlins"[25] drängte Treichel zum Vergleich mit dem Verlust „meines älteren Bruders im Jahr 1945"[26]. Während sich Berlin veränderte, wandte Treichel sich „dem Thema Flucht und Vertreibung und der Nachkriegszeit in Ostwestfalen

---

21 Lothar Müller: *Der Verlorene*. In: Frankfurter Allgemeine Zeitung vom 28. Oktober 1997, Nr. 250.
22 Treichel, *Der Entwurf des Autors*, S. 43.
23 Ebd., S. 16.
24 Ebd., S. 29.
25 Ebd., S. 46.
26 Ebd.

3.1 Entstehung und Quellen

„Die Leere der
Kindheit"
© picture
alliance / ZP

zu"[27]. Das neue Wissen um den verlorenen Bruder fiel also mit
aktuellen politischen Vorgängen zusammen, die das Ergebnis der
noch wirkenden Vergangenheit waren. Gleichzeitig setzte Treichels
Bericht ein von der Literatur seit längerer Zeit bevorzugtes Thema
fort, nun für die nächste Generation, deren Autoren nicht selbst von
der Flucht betroffen waren.

In den siebziger Jahren des 20. Jahrhunderts hatte sich das Interesse am Schicksal der Kinder und Jugendlichen am Ende des

Neue Generation –
neue historische
Interessen

––––

27 Ebd., S. 47.

3.1 Entstehung und Quellen

Dritten Reichs verstärkt. Es war oft autobiografisch motiviert und die Folge des dringlicher werdenden Interesses der Kinder für ihre Eltern und deren Verhalten in der NS-Zeit. Diese Entwicklung entstand aus den Fragen, die eine mündig gewordene Nachkriegsgeneration an die Generation der Eltern stellte, und tangierte die so genannten Achtundsechziger[28], die auch in anderen von Treichels Büchern zu finden sind, z. B. in *Frühe Störung* (2014).

Verwandte literarische Werke

Literarische Kindheitserinnerungen

Verwandte literarische Texte, die von Einfluss gewesen sein könnten, stammen vor allem von DDR-Autoren. Christa Wolf zum Beispiel sprach von *Kindheitsmustern* (1976), so der Titel ihres autobiografischen Romans. Es scheint, als habe sich Treichel daran erinnert, wenn er davon spricht, eine Reise nach Polen in Erinnerung zu verwandeln, „wenn auch nicht in eine Kindheitserinnerung" (*Anatolin*, S. 30). Bereits vor Treichels Werk lagen literarische Beispiele vor, zum Beispiel der Roman *Der Boxer* (1976) von Jurek Becker, ebenfalls ein DDR-Autor. Er beschreibt das Leben eines Juden, der im Mai 1945 aus einem KZ heimkehrt. Er sucht den verlorenen Sohn, findet ihn und beginnt, sich gemeinsam mit dem gefundenen Sohn bis in die fünfziger Jahre in die soziale Gemeinschaft der DDR einzufügen, ehe der Sohn eines Tages nach Westdeutschland geht. Der Schriftsteller Jurek Becker war selbst ein verlorener Sohn.[29]

Parallel zu Treichels Bericht erschien Christoph Heins Autobiografie *Von allem Anfang an* (1997), es mutet wie ein Pendant zu

---

28 So wurden die Teilnehmer an der Studentenrevolte in Westdeutschland Ende der 60er Jahre bezeichnet, die alte akademische Rituale ebenso abschaffen wollten, wie sie ein neues Machtbewusstsein entwickelten. Ein typischer Vertreter dieser Generation wurde Josef (Joschka) Fischer (geb. 1948), 1998–2005 Außenminister der Bundesrepublik Deutschland), der das Kind von Flüchtlingen war.

29 Vgl. dazu: Rüdiger Bernhardt: *Jurek Becker. Bronsteins Kinder.* Hollfeld: C. Bange Verlag, 2005, S. 18 ff. (Königs Erläuterungen und Materialien, Bd. 434).

3.1 Entstehung und Quellen

Treichels Werk an. Beides sind Texte über Kinder in Krieg und Nachkriegszeit, wie auch Christa Wolfs *Kindheitsmuster* und Günter Grass' *Im Krebsgang* (s. u.).[30] Treichels kindlich-jugendlicher Erzähler verwendet das Wissen Erwachsener, die mehr Erfahrungen und Kenntnisse einbringen, deren Begrifflichkeit der Erzähler aber nicht immer gewachsen ist. Manchmal gibt er solche Lücken zu („zum Teil verstanden" – „zum Teil auch nicht verstanden", 13). Das wird in stilistischen Variationen erkennbar, wenn der Erzähler in Stufen seinen Erkenntnisprozess beschreibt: „Ich begriff auch, dass Arnold verantwortlich dafür war, dass ich von Anfang an in einer von Schuld und Scham vergifteten Atmosphäre aufgewachsen war." (17). Dass in dieser Sentenz der Titel von Heins Roman auftaucht („von Anfang an") ist symptomatisch. Andere Beispiele erschienen im Umfeld, z. B. Günter Grass' Novelle *Im Krebsgang*. Im Februar 2002, im Jahr des 75. Geburtstages des Schriftstellers und Nobelpreisträgers, erschien der ins Umfeld der *Danziger Trilogie* gehörende Text, der sie fortsetzt. Das Datum des Untergangs der *Wilhelm Gustloff*, der 30. Januar 1945, steht bei Grass für historische und private Katastrophen so wie der 20. Januar 1945 für die persönliche Katastrophe in Treichels *Verlorenem*. Grass' Novelle[31] wurde zum Bestseller und löste eine publizistische Welle aus, die – das war nicht neu bei dem immer umstrittenen Nobelpreisträger Grass – das Publikum polarisierte. Die Novelle galt als Text zum Thema „Vertreibung, Umsiedlung, Flucht" und war Zeichen der Ratlosigkeit Günter Grass', dass his-

Noch unzureichendes Verständnis des Erzählers

---

30 Stephan Braese sieht die genannten Werke von Grass und Treichel sogar als Versuch, eine „Poetologie der Vertreibung" zu erarbeiten, „die auch das Thema der transgenerationellen Übertragung reflektiert". (Braese, S. 171 ff.)
31 Vgl. Rüdiger Bernhardt: *Günter Grass. Im Krebsgang*. Hollfeld: C. Bange Verlag, 2013 (Königs Erläuterungen und Materialien, Bd. 416).

3.1 Entstehung und Quellen

torische Lehren nur schwer zu vermitteln sind. Da waren sich Grass und Treichel, ohne sich abzusprechen, einig.[32]

Die Privatisierung des geschichtlichen Vorgangs

Treichels Buch ist im Ensemble der genannten Bücher dasjenige, das die historischen Einblicke am weitesten reduziert und nur auf eine familiär-private Situation in der Folge des Krieges eingeht. Von deutscher historischer Schuld weiß der Erzähler nichts; seine Eltern vermitteln ihm keine entsprechenden Einsichten, da sie die selbst nicht haben. Nur von unbestimmter Scham und Schuld wird gesprochen; und die Mutter leidet unter dem Trauma des „Schrecklichen"; wahrscheinlich wurde sie auf der Flucht vergewaltigt.

Doch war mit der Entstehung des *Verlorenen* das Thema für Treichel nicht abgeschlossen. Im Roman *Menschenflug* wird die Szene nochmals erwähnt und offengelassen, „ob seine Mutter wirklich vergewaltigt worden war"[33]. In *Tagesanbruch* (2016) wird eine dreifache Vergewaltigung durch russische Soldaten beschrieben. Das bedeutet für das individuelle Schicksal eine ungeheure Belastung, ist aber vor dem Hintergrund der vorangegangenen Verbrechen und Massenmorde der deutschen Wehrmacht gerade auf dem Gebiet der Sowjetunion zu sehen und zu erklären.

Verwandte Autoren

Literarische Traditionen

Für Treichel sind als Autor literarische Traditionen wichtig, die bei der Gestaltung wirksam wurden. Werke Bert Brechts, Günter Eichs, Albert Camus' (*Der Fremde*) sind mit der Erzählung vergleichbar. Für die Struktur seiner Prosa gibt es Parallelen bei Wolfgang Koeppen, Peter Weiss und Thomas Bernhard. Schon ein Blick auf das Druckbild macht das deutlich: Treichel ordnet wie diese Schrift-

---

32 Dem Thema widmet sich Garraio, indem sie die „Überlieferung und die Verarbeitung dieser Ereignisse im Familienkreis, d.h. die Vermittlung der Wirkung solcher Erlebnisse auf die folgenden Generationen (Kinder, Enkelkinder)" untersucht (Garraio, S. 1).
33 Treichel, *Menschenflug*, S. 30.

3.1 Entstehung und Quellen

steller seine Texte blockartig, optisch ungegliedert; er verzichtet
auf Kapitelangaben oder sonstige Gliederungsprinzipien und weist
Abschnitte nur in großen Abständen aus. Gelegentlich erinnert der
Autor an Koeppen, dessen *Tod in Rom* in Treichels Poetikvorlesun-
gen als ein Beispiel für eine Literatur des Vergessens genannt wird.[34]
Die Eröffnung des *Verlorenen* ähnelt der in Koeppens *Jugend* (1976):
„Meine Mutter fürchtete die Schlangen" (Koeppen) gegen „Mein
Bruder hockte auf einer weißen Wolldecke" (Treichel). Solche Par-
allelen bedeuten keine Abhängigkeit, sondern entstehen auf Grund
der Situationen.

Auf Thomas Bernhard, mit dem sich Treichel in einem Kapitel seiner Habilitationsarbeit beschäftigt hat, verweist das Perso-
nal: Die freundlich wirkenden Menschen sind in ihrem Menschsein
amputiert, Psychopathen und Gestörte. Auch die „monomanischen
Sprechakte" erinnerten Kritiker an „Bernhardsche Suaden".[35] Nach
Treichel ist Bernhard „als Vorbild so naheliegend, dass man ihn
eigentlich gar nicht mehr zu nennen brauchte." (*Anatolin*, S. 69)
Was Treichel von Bernhard unterscheidet, ist die Leichtigkeit, die
er beklemmenden Vorgängen abgewinnt; er ist nicht von der Besessenheit, die Thomas Bernhard prägte.

Eine Parallele hat *Der Verlorene* zum biblischen Gleichnis vom
verlorenen Sohn aus dem Lukas-Evangelium. Sie wird jedoch um-
gekehrt: Der Sohn zieht nicht mit eingefordertem Erbteil in die Welt
und verliert dort alles; er muss nicht als Schweinehirt arbeiten und
kehrt nicht reuig zurück. Der Sohn geht verloren, wird weggegeben an eine fremde Frau – das Kreidekreis-Motiv schimmert durch
(s. S. 117 f. dieser Erläuterung) –, nach langer Suche finden Mut-

Gleichnis vom ver-
lorenen Sohn

---

34 Treichel, *Tristanakkord*, S. 40; Treichel, *Der Entwurf des Autors*, S. 82.
35 Hagestedt; ähnlich die Besprechungen von Gerhard Schulz und Jeanette Stickler. Der Vergleich
   mit Bernhard findet sich häufig, seltener der mit Peter Weiss.

3.1 Entstehung und Quellen

ter und Bruder ihn als Fleischerlehrling, aber die Mutter will nicht wahrhaben, dass er es ist. Daheim geblieben ist auch nicht, wie in der biblischen Parabel, der ältere Sohn, sondern der jüngere, der erst nach Kriegsende geboren wird. Das Motiv der gegensätzlichen Brüder kommt hinzu.

Lehndorffs
Menschen, Pferde, weites Land

Eine andere Quelle Treichels war Hans Graf von Lehndorffs Buch *Menschen, Pferde, weites Land. Kindheits- und Jugenderinnerungen* (München: Biederstein, 1980). Das Buch, das die Eltern monatelang unbenutzt liegen ließen, beeindruckte den Autor, denn in ihm fand er jene Kindheit beschrieben, auf die er verzichten musste:

„Es war eine Gegend, in der die Menschen in Gutshäusern mit Parks, Alleen und blühenden Sträuchern oder auf Gestüten lebten. Die Kinder badeten in Seen und sonnten sich auf hölzernen Stegen, wenn sie nicht durch Wälder und über Feldwege ritten."[36]

Nicht dem verlorenen Osten gehörte aber die Sehnsucht[37], sondern der Kindheit, die sich der Erzähler erwerben und der Autor erschreiben wollte. Das wurde eine seiner Motivationen zum Schreiben.

---

36 Treichel, *Der Entwurf des Autors*, S. 29.
37 Ebd., S. 48.

3.2 Inhaltsangabe

3.2 Inhaltsangabe

ZUSAMMEN-
FASSUNG

Ein namenloser jugendlicher Ich-Erzähler versucht, die Geschichte seiner Familie und seines Bruders zu beschreiben,
der im letzten Kriegsjahr 1945 auf der Flucht aus Ostpreußen
als Kleinkind verloren ging. Spät erst teilt ihm die Mutter
das Schicksal des Bruders mit. Er erfährt eines Tages, dass
die Eltern auf ein Findelkind gestoßen sind, das der Bruder sein könnte. Vergleichende Untersuchungen, in die der
Erzähler einbezogen wird, führen jedoch zu keiner befriedigenden Lösung. Die Enttäuschung darüber führen mit zum
Tod des Vaters. Die Mutter übernimmt die Führung des Geschäfts. Der Revierpolizist Rudolph kümmert sich um Mutter
und Sohn, führt auch die Suche weiter, muss aber erfahren,
dass das Findelkind, für dessen Adoption sich die Mutter entscheidet, inzwischen bereits von einem anderen Paar adoptiert worden ist. Eine Fahrt zu dem Findelkind wird ergebnislos abgebrochen; für den Erzähler ist jedoch der Anblick
des inzwischen erwachsenen Findelkindes durch eine Fens-
terscheibe ein Schock.

Erster Abschnitt (S. 7–12)

*Der erste Abschnitt beschreibt die Ausgangssituation des Erzählers:
Ihm ist ursprünglich gesagt worden, sein Bruder sei als Kleinkind
kurz vor Kriegsende auf der Flucht in den Westen verhungert. Dieses
Wissen beruhigt ihn, und der Bruder wird ihm sympathisch, denn so
kann der Erzähler allein über das Kinderzimmer verfügen und zudem
noch auf ein Kriegsopfer in der Familie verweisen.*

3.2 Inhaltsangabe

Erinnerung an
Arnold

Ein namenloser Ich-Erzähler erinnert sich in der Nachkriegszeit, ausgehend von einem Foto, an seinen Bruder Arnold, der vor der Geburt des Erzählers verlorengegangen ist. Er wurde „zuhaus" „im Osten" (7) geboren und war im letzten Kriegsjahr ein kleines „fröhliches Kind" (7). Ein Fotoalbum erinnert an ihn und seine Ausnahmestellung: Arnolds großes Bild findet sich noch vor den Hochzeitsbildern der Eltern im Album und zeigt ihn als „glückliche(n)", sogar „bedeutende(n) Menschen" (9). Dagegen befinden sich die Fotos des Erzählers in dem Album „weit hinten" (7), sind fast „winzig" (8), und er ist meist gar nicht richtig zu erkennen. Oft werden auch nur Teile von ihm abgebildet („das rechte Auge", 8). Selbst auf dem Foto seiner Taufe ist nur die „Spitze eines Säuglingsfußes" (9) zu sehen. Hier nimmt der Erzähler in der Beschreibung von Fotos vorweg, was ihm später als Untersuchungsobjekt widerfährt: Nur Teile seines Körpers werden als Vergleichsgegenstand zum verlorenen Bruder interessant; als ganzer Mensch ist er für seine Eltern offenbar uninteressant. Seine Individualität wird nicht anerkannt, und er fühlt sich isoliert. Der tote Bruder ist dem Erzähler zunächst sympathisch; er teilt mit ihm sein Kinderzimmer nur symbolisch und ist stolz auf den toten Bruder, weil er ein Opfer des Krieges ist. Doch bleibt in dieser Zeit vieles ungeklärt, weil die Mutter auf Fragen keine Antworten gibt. Die Suche nach dem lebenden Bruder wird für den Erzähler später zum Albtraum.

Zweiter Abschnitt (S. 12–73)

Die Situation verändert sich, als die Mutter dem Erzähler erklärt, der Bruder sei von ihr auf der Flucht weggegeben worden, sei verloren, könne aber noch am Leben sein. Es vergehen Jahre, bis der Erzähler plötzlich Interesse für die russische Sprache erlebt. Das neue Medium Fernsehen löst um 1957 das Radiohören ab. Der Erzähler erfährt, dass die Eltern schon lange nach dem verlorenen Bruder suchen und dabei

3.2 Inhaltsangabe

nun auf ein Findelkind gestoßen sind, das ihr verlorener Erstgeborener sein könnte. Vergleichende gerichtsmedizinische Körperuntersuchungen finden statt, führen aber zu keiner befriedigenden Lösung.

Die Situation ändert sich nach einer „Aussprache" (12) am Ende der Kindheit – der Erzähler dürfte zu dieser Zeit etwa 14 Jahre alt sein, denn die Mutter hält ihn für alt genug, um zu erfahren, dass der Bruder Arnold nicht tot, sondern auf der Flucht „verloren gegangen" sei (13). Als sie im Januar 1945 auf Russen traf und „Schreckliches" erwartete, habe sie aus panischer Angst das Kind einer fremden Frau übergeben, die unbehelligt von den Russen geblieben sei und der sie nicht einmal Arnolds Namen sagen konnte. „Schreckliches" – der Tod – sei zwar ausgeblieben, aber „Schreckliches" – eine Vergewaltigung? – sei dennoch geschehen. Damit verband sich allerdings auch das Überleben der Eltern (vgl. *Tagesanbruch*, S. 80). – Das Datum, später erst genannt (53), war der 20. Januar 1945; der Tag hat eine Schlüsselfunktion: Er liegt in der ersten Phase der Flucht der deutschen Bevölkerung aus Ostpreußen, zehn Tage vor dem Untergang der *Wilhelm Gustloff* (s. S. 76 dieser Erläuterung). Das Zusammentreffen mit den Russen geschieht in einem Bauerndorf westlich von Königsberg (vgl. 14).[38] Rakowiec, der ehemalige Wohnort der Familie bei Gostynin, wo der Vater einen Hof übernommen hatte[39], wird erst spät im Text genannt (vgl. 69) und liegt in der Realität an anderer Stelle; zu ihm drang die Rote Armee am 16. Januar vor. – Der Mutter passierte „das Schreckliche" (16), über

Der Erzähler wird aufgeklärt

„Das Schreckliche"

---

38 Unklar ist, wie die Familie von ihrem Wohnort in diese Gegend, die nicht auf dem Fluchtweg liegt, kommt. Treichel hat das in *Menschenflug* erklärt, sich „irgendeine Ortsangabe in Ostpreußen ausgedacht" zu haben (*Menschenflug*, S. 182). Später hat Treichel „Königsberg" durch „Konin" ersetzt (Treichel: *Der Verlorene*. Mit einem Kommentar von Jürgen Krätzer, 2005, S. 13).
39 Treichel, *Der Entwurf des Autors*, S. 24 f.

3.2 Inhaltsangabe

das weiter nichts mitgeteilt wird; sie wurde vermutlich vergewaltigt (vgl. *Menschenflug*, S. 30). Der Erzähler erkennt, dass sein älterer Bruder Arnold „die Hauptrolle in der Familie spielte und mir eine Nebenrolle zugewiesen hatte" (17), und gerät in Wut über die Vorrangstellung des Bruders, zumal der Vater kaum mit dem Erzähler spricht und „stundenlang" an ihm vorbeischaut (26). Das Gefühl, mit „Schuld und Scham" beladen zu sein, habe bereits am „Tag (seiner) Geburt" (17) begonnen. Familienausflügen, „wahre Schuld- und Schamprozessionen" (19), entzieht sich der Erzähler.

Symptomatisches Erbrechen

Der Grund ist eine „körperliche Unverträglichkeit von Bewegung" (21), eine Umschreibung für Erbrechen. Es wird zum Ausdruck der Aversion des Erzählers gegen den Umgang mit der Vergangenheit und der Lebensqualität der Eltern, gegen den wiedererlangten materiellen Wohlstand – er zeigt sich in den größer werdenden Autos (vgl. 21) – und Aufstieg der Eltern. Auch der Hass und Neid auf den tot geglaubten Bruder, der sich nun wieder in das Leben des Erzählers einmischt, wirkt sich in dem Erbrechen aus.

Fernsehen und Scham

Deshalb vertreibt er sich zu Hause die Zeit mit Radiohören, bei dem er plötzlich auf einen russischen Sender stößt, der ihn fasziniert und dessen russische Sprache ihm vertraut vorkommt. Als sich das Fernsehen verbreitet – es ist die zweite Hälfte der fünfziger Jahre –, verhindert der Vater, dass das Gerät eingeschaltet wird, und nur, wenn seine Schwester zu Besuch ist, gefällt dem Vater das Fernsehen (vgl. 27), da er seine Schwester, die nur die Zeitschrift *Unsere Kirche* liest, damit provozieren kann. Für die Tante des Erzählers ist der Fernseher eine „Erfindung des Teufels" (28). – Der Erzähler und die Mutter werden dagegen zu leidenschaftlichen Fernsehzuschauern, aber bei intimen Szenen überkommt sie „Verlegenheit und Beschämung" (31), eine Variation von „Schuld und Scham", deren Ursache der Erzähler nicht weiß.

3.2 Inhaltsangabe

Ausführlich wird die Entwicklung des Handels mit frischen
Schweineköpfen beschrieben, über Schweinebluttransport und
Schweinekopfverwertung (39 ff.) erzählt und über den Aufstieg des
Vaters zum Großhändler für Fleisch- und Wurstwaren berichtet. Mit
dem Erfolg verbindet sich der Umbau des Hauses, der aus dem idylli-
schen Fachwerkhaus, „einmal die Poststelle des Ortes" (46) mit sich
anschließendem Pferdestall, Waschhaus und Geräteschuppen, eine
Stahlkonstruktion mit Kühlhaus werden lässt. Der Umbau zerstört
für den Erzähler jedoch sein „Kindheitslabyrinth" (47), „meinen
Zauberwald" (46), als geheimnisvollen Ort.

*Aufstieg eines
Fleischhändlers*

Parallel dazu verläuft – hinter dem Rücken des Erzählers – die
Suche der Eltern nach Arnold. Mit ihr wird der Erzähler durch den
Vater erst konfrontiert, als die Mutter zu einer Kur ist: „Wir suchen
ihn (...) seit Jahren schon." (50) Anlass für die Mitteilung ist, dass
man ein Findelkind entdeckt hat, „das Findelkind 2307" (52), das
der verlorene Arnold sein könnte; mindestens legen das Indizien
nahe (vgl. 54). Ehe man das Kind mit der Familie konfrontieren
kann, müssen aber Körpermessungen und -prüfungen an der Familie vorgenommen werden, um dem Findelkind Enttäuschungen
zu ersparen.

Findelkind 2307

Der gerichtsmedizinische Vergleich von Eltern und Erzähler,
um Daten für den Verlorenen zu gewinnen, dominiert und nimmt
das zweite Drittel ein. Eine Vielzahl von Vergleichsuntersuchungen[40] zwischen dem Findelkind und den Familienmitglie-
dern soll körperliche Übereinstimmungen nachweisen. Die Suche
nach Arnold erinnert beklemmend an nationalsozialistische Un-
tersuchungsmethoden zur Rassen- und Erbgutbestimmung; Messungen und ein „sogenanntes ‚Anthropologisch-erbbiologisches

*Die Unter
suchungen*

---

40 Den genetischen Fingerabdruck, eine vergleichende DNA-Analyse, gibt es zu dieser Zeit noch
    nicht.

3.2 Inhaltsangabe

Abstammungsgutachten'" (62 f.), ein „vergleichende(s) erbbiologische(s) Gutachten" (63) haben den makabren Beigeschmack alltäglicher nationalsozialistischer Rassen- und Erbkunde, obwohl das Dritte Reich längst untergegangen ist. Wichtigstes Foto des Erzählers wird dabei eine „Hinterkopfaufnahme" (66), für den Erzähler der „schwächste() (...) und unansehnlichste() (...) Körperteil" (67), für die Messungen aber der wichtigste. Die Gutachten sehen zwar einige gemeinsame Merkmale zwischen dem Findelkind und der Familie, halten aber eine Verwandtschaft für „,in hohem Maße unwahrscheinlich'" (73).

Dritter Abschnitt (S. 73–138)

Bei der Suche nach dem Verlorenen wird somit ein Abschluss erreicht. Der Alltag herrscht: Der Vater sorgt sich verstärkt um das Geschäft, der Erzähler zieht sich wieder zurück und sorgt sich um seine Ruhe, und die Mutter verfällt wieder ihrer Trauer. Ein weiterer Versuch, den verlorenen Bruder in dem Findelkind zu erkennen, d. h. die Prüfung von möglichen Übereinstimmungen in Heidelberg, führt erneut zu keinem Ergebnis. Die Enttäuschung darüber und ein während der Abwesenheit erfolgter Raubüberfall auf das Geschäft führen zum Tod des Vaters 1964.

Die Suche geht weiter

Für den Erzähler hat sich der Bruder „ein weiteres Mal" (73) erledigt. Der Vater kümmert sich entschiedener um sein Geschäft und baut ein Kühlhaus, um Lagerkosten zu sparen. Er verschafft sich als Großhändler „Vorsprung vor den Konkurrenten" (79), doch die Suche nach Arnold geht weiter. Die Mutter erleidet einen Schwächeanfall sowie durch den Sturz eine Schädelfraktur und denkt im Krankenhaus an die „Vergangenheit (...), den Krieg, die Flucht und das Schreckliche, das ihr zugestoßen war" (80). – Den wirtschaftlichen

Der Opel Admiral

Aufstieg der Familie signalisiert die Anschaffung eines Opel Admi-

3.2 Inhaltsangabe

Prestigeobjekt
der Wirtschafts-
wunderjahre: der
Opel Admiral
© Wikipedia

ral (80), der seit 1964 produziert wurde. Er galt in den sechziger
Jahren als das amerikanischste der deutschen Autos und war ein
Prestigefahrzeug – der Vater des Erzählers befördert sich „selbst
vom Kapitän zum Admiral" (80). Der Kauf ist beinahe durch die
Mutter verhindert worden, weil sie das Geld dafür in den Ofen ge-
steckt hat, aber der Vater kann zwei Drittel retten: Sie wolle „ihr
Kind" (82) und keinen Admiral, lautet ihre Begründung.

3.2 Inhaltsangabe

Neue Untersuchungen in Heidelberg

Damit ist der Bericht des Erzählers im Jahr 1964 angekommen; die Suche nach dem Verlorenen beginnt erneut. Der Höhepunkt der weiteren Suche und des Berichts wird ein Besuch im Gerichtsanthropologischen Institut in Heidelberg. Dort werden im Labor „Fußabdrücke und Körperbaumerkmale" (94) dokumentiert, während der Professor die „Kopfmerkmale" (94) erfasst. – Der Aufenthalt im Institut verbindet sich mit einem Exkurs über Kantinen (98 ff.) in den verschiedenen Einrichtungen wie der Oberfinanzdirektion, die der Fahrer eines Leichenwagens ihnen vorstellt. Der Erzähler und seine Eltern erfahren eine fast karikaturistische Auswahl von Kantinen, von einem Leichenwagen und die Erzählung seines Fahrers. Lediglich der Erzähler bewahrt Distanz, als er sich mit dem Tod in vielerlei Erscheinungen konfrontiert sieht: Leichenwagen, Leichenhemden, Krematorium, Altersflecken, Grabflecken usw. (vgl. 102 ff.).

Fortbestehendes faschistisches Gedankengut

Bei der Begegnung mit dem Heidelberger Professor dringt erneut die Vergangenheit mit ihrer Monstrosität in die Gegenwart ein: Zuerst ist es ihre gemeinsame Herkunft aus Gostynin, dann wird faschistisch-revanchistisches Gedankengut des Professors deutlich: Nur „vorläufig" (109) sei das heute polnische Gut seiner Familie verloren, die Russen hätten „jeden Boden zuschanden gemacht" (109), während die Polen alles nur in „schöne Unordnung" gebracht hätten, verarmt seien und sich deshalb als Knechte bei den Deutschen „verdingen mussten" (110); die Russen seien „nicht mal als Knechte (zu) gebrauchen" (111). Keine Schuldgefühle über die Verbrechen des Nationalsozialismus sind bei dem Mediziner zu erkennen; vielmehr erscheinen Polen und Russen als minderwertig. Erinnerungen an den Krieg werden verbannt, und als der Erzähler von den Einschusslöchern in der Klinik erzählt, wird er vom Vater mit „Genug jetzt!" (118) zum Schweigen gebracht. Nach der Vermessung von Stirn, Jochbein, Ohren usw. der Familie unternimmt

3.2 Inhaltsangabe

die Familie eine Stadtbesichtigung, bei der Heidelbergs Steinerne
Brücke, das Schloss u. a. besichtigt werden. Die Untersuchungen
gehen erneut ergebnislos aus.

Die Reise nach Heidelberg war die einzige längere Reise der
Eltern, denn sie reisten sonst nicht, und zwar „wegen der Flucht"
(122), die als traumatisches Erlebnis ihre Erinnerung bestimmt und
dem Reisen zu sehr ähnelt. Zur Enttäuschung, bei ihrer Suche wieder nichts erreicht zu haben, kommt eine schlimme Nachricht bei
der Rückkehr: In der Zwischenzeit ist das Kühlhaus ausgeraubt
worden; die Täter haben die Kühlung ausgeschaltet und damit die
Lagerware verdorben. Außerdem hat der Vater die Ware nicht ver-
sichert, um zu sparen. Er bekommt einen Schwächeanfall, wird ins
Krankenhaus eingeliefert, wo man zwei Herzinfarkte diagnostiziert,
und stirbt.[41]

> Tod des Vaters

Vierter Abschnitt (S. 138–175)

*Die Mutter übernimmt nun das Geschäft. Das Verhältnis zu dem Er-
zähler wird komplizierter, weil sie in ihm das sieht, was ihr verloren
gegangen ist. Den daraus entstehenden Schmerz hasst der Erzähler
ebenso wie sein Spiegelbild. Der Revierpolizist Rudolph kümmert sich
um Mutter und Sohn, führt auch die Suche weiter, muss aber erfahren, dass das Findelkind, für dessen Adoption sich die Mutter trotz
ablehnender Gutachten entscheidet, inzwischen von einem anderen
Paar adoptiert worden ist.*

Von nun an bestimmen der Tod des Vaters, verordnete Trauer, Abschied, Beerdigung und Entsagung das Erzählen. Die Mutter
rückt als „Chefin" (138) an die Stelle des Vaters, bleibt aber „eine Frau, die in einem Nebel von Traurigkeit verschwand" (139).

> Ein Polizist als
> Ersatzvater

---

41 Hans-Ulrich Treichels Vater lebte von 1909 bis 1964, vgl. *Menschenflug*, S. 12; *Anatolin*, S. 111.

3.2 Inhaltsangabe

Der Erzähler, nun etwa achtzehnjährig, wird ein „schwierige(r) Junge" (140); um die Mutter kümmert sich der Revierpolizist Rudolph. Durch ihn findet die Mutter Abwechslung bei Operettenmusik, die es vorher in der Familie nicht gegeben hat. Herr Rudolph führt auch die Suche nach Arnold weiter. Allerdings verliert die Mutter das Interesse an der Suche, wirkt „gleichgültig", „abwesend" (144), nicht mehr besonders interessiert (145). Beim Vorlesen der eher negativen Ergebnisse scheint sie „gänzlich in Gedanken versunken" (149) zu sein. Die Suche wird nur noch formal betrieben. Statt weiter Findelkinder zu prüfen, will die Mutter nun das Findelkind 2307, wenn es nicht ihr „leibliches Kind" (162) sein kann, adoptieren. Herrn Rudolph erzählt sie, „wieviel Schreckliches ihr, dem Vater und dem Kind widerfahren sei" (163). Dem Vater sei zudem der beantragte Lastenausgleich nach dem Kriege „wegen der Rechtslage verweigert worden" (163). Flucht und Verlust reichten nicht aus, Verdrängtes wird angedeutet, das möglicherweise mit dem von der NS-Politik profitierenden Erwerb des Gutes in Rakowiec zu tun hat, das nach den Mitteilungen in *Tagesanbruch* (vgl. S. 13) ursprünglich ein polnisches Gut war. Das Gut zu übernehmen hat der Vater subjektiv nicht als Schuld empfunden, objektiv aber wurde er schuldig. – Satirisch wird die Handlung, wenn Herr Rudolph mitteilt, dass über all den Anträgen und „gutachterlichen Verfahren" (166) das Findelkind inzwischen „fast schon volljährig geworden"[42] (166) und bereits adoptiert worden sei. Da wünscht die Mutter, das Findelkind zumindest einmal zu sehen: Es heißt inzwischen Heinrich und lebt als Fleischerlehrling bei seinen Adoptiveltern. Der Erzähler sieht im Findelkind 2307 oder Heinrich oder Arnold sein „um einige Jahre älteres Spiegelbild" (174). Als sich das Findelkind, vermeintlich der Verlorene, und der Erzähler

Waren die Eltern Arisierungsgewinner?

---

42   Vor 1975 wurde man in der Bundesrepublik Deutschland erst mit 21 Jahren volljährig.

3.2 Inhaltsangabe

erblicken, erschrecken beide, weil sie ihr Spiegelbild zu erkennen meinen. Die Brüder – der Verlorene und der Erzähler – scheinen sich gefunden zu haben, aber sie verlieren sich sofort wieder: Herr Rudolph und die Mutter wollen die Ähnlichkeit nicht sehen, die Reaktionen Herrn Rudolphs – er schaut „mit zusammengekniffenen Augen und gerunzelter Stirn" (174) – deuten das Gegenteil an. Die Mutter will nichts sehen und befiehlt abzufahren.

3.3 Aufbau

3.3 Aufbau

→ Treichels Text lässt sich als eine Art „Bericht" verstehen, in dem es um den Selbstwert des Ich-Erzählers geht, der auf Anlässe reagiert. Es handelt sich um eine Ich-Erzählsituation.

→ Strukturiert wird der Text nur durch drei Leerzeilen; in den vier Absätzen berichtet der Erzähler über sein Verhältnis zu dem verlorenen Bruder und beschreibt seine Kindheit und Jugend im Schatten des Verlorenen.

→ Die Grundsituation erinnert an archetypische Situationen und mythologische Figuren (Ödipus, Narziss) und bezieht ritualisierte Vorgänge (Essen, biblische Speisenvermehrung) ein. Damit bekommt sie, wie der Titel andeutet, bedingt mythisch-gleichnishaften Charakter (individualisiertes Massenschicksal).

→ Der Erzählvorgang wirkt spontan, auf Anlässe reagierend; zu den wenigen Gestaltungsmitteln gehören seltene Zeitenwechsel und ein angedeuteter Erzählrahmen.

→ Die Ich-Erzählsituation vereinigt die Subjekt- und Objekt-Position.

→ Von Bedeutung sind unfreiwilliger Witz und unbewusste Ironie im Text, der dadurch simplizianische Züge bekommt.

3.3 Aufbau

Die Frage nach der Gattung

Ob es sich um einen Roman, wie der Büchner-Preisträger Wilhelm Genazino meint[43], handelt, um eine Novelle oder um eine Erzählung, ist belanglos. Daran ändert auch der autobiografische Bezug des Erzählers zum Autor nichts. Am nächsten käme dem Text der Begriff **„Bericht"**, vorstellbar zum Beispiel als (fiktiver) Bericht des Ich-Erzählers an seinen Psychiater.[44] Dem entspricht auch der nüchterne, teilweise **dokumentarisch anmutende Stil.** Sachlich, manchmal spröde und distanziert, bewältigt Treichels Stil auch komplizierte Situationen bereits am Anfang und überträgt sie in schlichte, von Wiederholungen (Arnold; sagte; nichts mehr) geprägte Beschreibungen:

Fiktiver Bericht

> „Er hieß Arnold, ebenso wie der Vater. Arnold war ein fröhliches Kind, sagte die Mutter, während sie das Photo betrachtete. Dann sagte sie nichts mehr, und auch ich sagte nichts mehr und betrachtete Arnold (…)." (7)

Im Aufbau sind **keine strukturierenden Elemente** wie Kapitel, Überschriften, Zahlen oder anderes vorhanden. Drei Leerzeilen im Text lassen **vier Abschnitte** entstehen. Der totgeglaubte, möglicherweise lebendige Bruder ließe sich als jene „sich ereignete, unerhörte Begebenheit" (Johann Peter Eckermann: *Gespräche mit Goethe*, 25. 1. 1827) ansehen, die für Goethe ein Charakteristikum einer Novelle war. Aber schon das Symbolgeflecht, das meist die Novelle

Keine strukturierenden Elemente

---

43 Wilhelm Genazino: *Komisches Unglück*. In: Frankfurter Rundschau vom 25. März 1998. – Die Gattungsbezeichnung Genazinos dürfte in die Reihe jener Ungenauigkeiten gehören, die Genazinos Kritik durchziehen, angefangen vom „erwachsenen Ich-Erzähler", den es nicht gibt, bis hin zum „Schrecklichen", das der Mutter bei der Begegnung mit den Russen geschah, dem Kritiker aber nicht aufgefallen ist („Die Russen haben der Familie nichts getan …").
44 Hinweise auf Psychiater, Psychoanalytiker, psychiatrische Befunde usw. finden sich in Treichels Werken mehrfach. Vgl. S. 130 ff. dieser Erläuterung.

3.3   Aufbau

prägt, ist im *Verlorenen* nicht vorhanden und dem jugendlichen Erzähler auch nicht möglich, denn er beherrscht kunstvolles Erzählen nicht. Was er bietet, ist ein (fiktiver) Bericht. Entsprechend sind auch der schlichte sprachliche Verlauf und der unauffällige Aufbau.

Mythisches und Archetypen

Ödipus und
Narziss

Die Grundsituation erinnert an archetypische und mythische Modelle, in denen Eltern ihr Kind weggaben bzw. es aus Angst vor Bedrohungen verstießen (Ödipus). Andere Archetypen – die feindlichen Brüder, der verlorene Sohn, der narzisstische Mensch und viele mehr – überhöhen den Einzelfall zur Grunderfahrung der Menschen von Verlust. **Mythische Züge** bekommt der Besuch der Familie im gerichtsanthropologischen Labor in Heidelberg: Es erscheint wie das Eintreten in eine Grabes-Szenerie („von Säulen gesäumtes Portal", 87), aber es werden „hier keine Toten angeliefert" (87 f.). Der Leichenwagenfahrer wäre dann etwas wie Charon, der Begleiter in diese Götterregion.

Weg in die
Unterwelt

   Der Hinweis auf Unterwelt und Totenreich führt zu einer formalen Auffälligkeit. Während seiner **Zusammenarbeit mit Hans Werner Henze** hatte sich Treichel für Opernlibretti intensiv mit Mythos und Mythen beschäftigt. – Der Schluss (vgl. 174 f.) verwendet mythische Requisiten: Wichtige Symbole (Spiegel, Erschrecken, „keine Reaktion" = Erstarren) werden variiert; der Unterschied zwischen einem heroischen Mythos der antiken Götterwelt und der bescheidenen klein-, geradezu spießbürgerlichen Alltäglichkeit dieser Nachkriegsdeutschen wird deutlich. – Für Hans-Ulrich Treichel sind

Ein mythischer
Text

Erzähltes und alltäglich vereinfachter Mythos verwandt; er sieht seinen fiktiven Bericht *Der Verlorene* als einen mythischen Text. Ursprüngliches Erzählen entstand aus dem Mythos. An der Grenze zwischen einer mythischen Welterklärung und einer geschichtlich erfahrenen Welt entstanden die Epen Homers. In Treichels Text

3.3 Aufbau

verliert die geschichtlich erfahrene Welt wieder an Konturen und
nachprüfbarer Genauigkeit und gerät in eine mythische Unschärfe.
Darin liegt eine wesentliche **Bedeutung des Berichts**: Er warnt vor
der Verschiebung der Täterrolle zur Opferrolle, vor dem Verdrängen
der geschichtlichen Erfahrung zu Gunsten einer mythisch anmu-
tenden Selbstinszenierung.

Das Massenschicksal der Flucht am Ende des Krieges bekommt
seine Individualität und wird zum besonderen Fall, obwohl der zu
Grunde liegende Vorfall – das „Schreckliche" – nicht genau benannt
wird, sondern hinter der mehrdeutigen Umschreibung von „Schuld
und Scham" verschwindet.

Archetypisch wirken Szenen wie der verlorene Sohn, Blutopfer,
die unerschöpfliche Speisung usw.: Im *Gleichnis vom verlorenen
Sohn* (Lukas 15, 11–32) – es klingt in Treichels Titel *Der Verlorene*
an – wird bei der Heimkehr des verlorenen Sohnes „ein gemästet
Kalb" geschlachtet, „lasset uns essen und fröhlich sein" (Lukas 15,
23). Essen und fröhlich sein ist ein Zeichen des „Schweinehirnes-
sens" (44 ff.), auf „grausame Weise" (40) kommt das Blut in die
Kanne. Der Schweinekopf bekommt ritualisierte und überirdische
Bedeutung für die Familie, indem er sich „wunderbarerweise" (41)
als „ein wahres Füllhorn" (Sinnbild fortwährender Fruchtbarkeit)
erweist, eine **himmlische Speisenvermehrung**. Leitmotivartig kehren Schlachten und Fleischerei in Treichels Werken wieder und be-
schließen den *Verlorenen*, indem sich das Findelkind, vermeintlich
der Verlorene, in einer Fleischerei befindet.

Ähnlich wird Essen in anderen literarischen Beispielen beschrieben, erinnert sei an Oskar Matzeraths Aalessen nach einem abschre-
ckend widerlichen Aalfang in Grass' Roman *Die Blechtrommel*. –
Entsprechende Erlebnisse bot Treichels Kindheit in Versmold; der
Autor wuchs in Nachbarschaft einer Wurstfabrik auf. Bereits im
„ersten (für mich ernst zu nehmenden) Prosasatz" seines Lebens

*Massen- und
individuelles
Schicksal*

*Archetypische
Grundsituation*

*Essen als literari-
sches Motiv*

3.3 Aufbau

beschrieb Treichel diese traumatische Erinnerung an die „Stadt der Würste und Schinken", eine Ansammlung von „Möbelgeschäften und Fleischereien"[45]. Die Fleischerei schafft eine alltägliche, biedere und unproblematische, aber schwere und blutige Arbeit, sie ist dennoch die friedliche Variante zum verbrecherischen Schlachten der Deutschen während des Zweiten Weltkrieges. Während man von der einen Variante lebt – von Schweinekopf und Fleischgroßhandel –, wird an die andere Variante kein Gedanke mehr verschwendet. In diesem Kontext ist an Arnold Zweigs berühmten Roman *Das Beil von Wandsbek* (1943 zuerst hebräisch, 1947 deutsch, 1951 verfilmt) zu erinnern, in dem ein Fleischer Todesurteile an Menschen vollstreckt.

Spontanes Erzählen

Fehlendes Ganz-
heitsgefühl

Der Text erscheint wie ein Rechenschaftsbericht des Erzählers und jüngeren Bruders des Verlorenen. Es lässt sich vorstellen, dass er diesen Bericht einem Psychiater gibt, um sich vom älteren Bruder zu befreien und zur eigenen Individualität zu finden, die in Gefahr geraten ist: Namenlos, nur einzelne Körperteile statt der Gesamtgestalt sichtbar, von den Eltern kaum angesprochen, ohne Freunde, nie an Gesprächen am Familientisch beteiligt. Ein richtiges Foto wird erst benötigt, als sein Foto als Vorlage für die Vermessung des möglichen Bruders dienen soll (vgl. 64). Es ist ein nüchternes, scheinbar unbearbeitetes Protokoll von Erfahrungen, Erinnerungen und Erlebnissen. Einen im erzähltheoretischen Sinn vorhandenen Aufbau gibt es nicht, vielmehr geschieht das Erzählen scheinbar spontan und auf vorwiegend durch die Mutter geschaffene Anlässe (Foto, Aussprache u. a.) reagierend. Erkennbar wird das aus dem

---

45   Treichel, *Der Entwurf des Autors*, S. 103.

3.3 Aufbau

seltenen Wechsel von Präteritum und Präsens: Im Präsens wird der Standpunkt des Erzählers *nach* dem Bericht deutlich,

→ was er nicht wusste („Ich weiß nicht ...", 7),

→ was über den Bericht hinaus Bestand hat („... was für mich zu den schönsten Kindheitserinnerungen zählt", 23),

→ was er nicht erlebte („Ich kann mich nicht daran erinnern ...", 35),

→ was in sich weiterhin widersprüchlich bleibt („Allerdings muss ich zugeben ...", 42).

Tempuswechsel

In der Vorstellung einer psychiatrischen Gesprächssituation wird auch eine Bedeutung des Spiegels und des Spiegelbildes erkennbar, die nur angedeutet wird, denn sie gehört sowohl literarisch, etwa bei E.T.A. Hoffmann (z. B. in der *Geschichte vom verlornen Spiegelbilde*, 1814), als auch psychoanalytisch, bei Sigmund Freud (mit seinen seit 1914 betriebenen Überlegungen zu Narziss und Narzissmus) und mit Jacques Lacans *Das Spiegelstadium als Bildner der Ichfunktion* ... (1949), zum umfangreichen Komplex der Selbstfindung und Selbstentfremdung. Bei Hoffmann findet der Mensch nur mit seinem Spiegelbild zu seinem Selbst, wird zum Individuum. Nach Lacan sieht z.B. ein Kleinkind in einem Spiegel sich erstmals vollständig und erlebt sich als Gesamtheit.[46] Ähnlich findet es sich in den Augen der Mutter wieder. Ist diese Gesamtheit zerstört, ist auch das Verhältnis beider gestört. Treichels Bericht bietet genügend Beispiele: Meist sieht sich der Erzähler nur bruchstückhaft, auch auf Fotos und selbst beim Fotografen werden für ihn unwichtige Nebensächlichkeiten erfasst („Hinterkopfaufnahme", 66), vor dem Spiegel sieht er nicht sich, sondern Arnold, der ihm „zuneh-

Spiegel und Spiegelbild

---

46 Jacques Lacan: *Das Spiegelstadium als Bildner der Ichfunktion.* In: Ders. Schriften I. Hrsg. von Norbert Haas, Olten/Freiburg i. Br.: Walter-Verlag, 1973, S. 67.

3.3 Aufbau

mend unsympathischer wurde" (58), so dass er sein Spiegelbild „zu hassen begann" (140).

Erzählrahmen

Lediglich ein Rahmen deutet Anfang und Ende an: Zwischen den ersten und den letzten Worten – „Mein Bruder hockte" und „Wir fahren." – besteht eine Beziehung von Einzelnem (Mein) und Familie (Wir), Beharren (hocken) und Bewegung (fahren), Berichtsbeginn und -ende, Erinnerung und Aktion, Vergangenheit und Gegenwart. Die Initiative allerdings liegt in beiden Fällen bei der Mutter („sagte die Mutter", 7, 175), die den Anlass der Erinnerung beschreibt und die Abkehr davon, als die Erinnerung lebendig zu werden droht.

Erzählsituation

Ich-Erzähler

Die Erzählsituation wird am Anfang (vgl. 7) erkennbar: Es ist eine Ich-Erzählsituation; der Erzähler ist sowohl erzählendes Subjekt als auch betroffenes Objekt. Er widmet sich der Erinnerung an seinen Bruder ironisch, teils sarkastisch, da er selbst sich bedeutungslos fühlt – „weit hinten im Photoalbum" (7 f.) – und nur durch den älteren Bruder eine gewisse Existenzberechtigung hat. Heiterkeit geht von diesen Brechungen der Wirklichkeit aus. Der Konflikt bahnt sich an, weil der Erzähler auf seine Fragen keine Antworten bekommt („alle meine anderen Fragen nach den näheren Umständen der Flucht und dem Verhungern meines Bruders Arnold beantworteten sie nicht", 11).

Subjekt und Objekt zugleich

Die Ich-Erzählsituation, von Treichel bevorzugt, vereinigt zwei Positionen: Der Erzähler ist allwissender Erzähler, wobei das ein Terminus technicus ist und nicht die Kenntnisse des Erzählers vom Geschehen meint. Der allwissende Erzähler ist keineswegs allwissend, wie der Begriff suggerieren könnte, sondern er erzählt nicht mehr, als er weiß: Allwissend ist er in Bezug auf die von ihm getroffene Auswahl, das von ihm Erzählte und die Handlungen der darin integrierten Personen. Er ist in der Ich-Erzählsituation aber gleich-

3.3 Aufbau

zeitig auch Objekt des Erzählens, also Teil der Handlung, von der er berichtet, und kann diese Situation mitteilen. Die Grenze seines Wissens über sich als Objekt fällt zusammen mit den Grenzen seiner Allwissenheit. Er gibt sich mit Unverständlichem „zufrieden" und macht sich „keine weiteren Gedanken darüber" (10). Mit den ersten Worten „Mein Bruder" (7) wird das Thema angeschlagen, das durchgeführt wird. Mit dem ersten Satz wird ein Zustand angesprochen, der während des Erzählens konterkariert wird: Der erste Satz beschreibt eine zum Kitsch erstarrte Situation: „Mein Bruder hockte auf einer weißen Wolldecke und lachte in die Kamera." (7) Lediglich die „weiße Wolldecke" weicht vom Kitsch-Stereotyp des Eisbärenfells ab. Der Erzähler ist nüchtern, sachlich und nichtemotional. Zu den Fakten teilt er ihre Herkunft meist sofort mit („sagte die Mutter", 7 ff. „beschlossen die Eltern", 22, „die Mitteilungen, die dann folgten", 27 usf.): Er will präzise sein („Um genau zu sein", 23) und tendiert dadurch zum Bericht, wie ihn auch Christa Wolf in *Kindheitsmuster* anstrebte.

Die Funktion von Ironie und Witz

Treichels Erzähler ist die Ironie nicht wesenseigen, dazu ist er zu jung. Ironie, in dem Sinn, das Gegenteil des Gesagten zu vermitteln, geschieht im *Verlorenen* unbewusst und weist oft auf noch ausstehendes Verständnis beim Erzähler hin. Aber sie hilft ihm bei der Selbstbefreiung von der Familie, insbesondere von der Mutter, und entsteht aus der naiven Weltsicht des Erzählers, die ihm **simplizianische Züge** gibt. – Die **Naivität** des Erzählers ist ein Schutzversuch gegen die Dominanz des verlorenem Bruder und der suchenden Mutter; sie wird deutlich, indem der Erzähler kaum Akzente bei den auf ihn zukommenden Informationen zu setzen vermag: Die „Wochenlosung" (28 ff.) der Tante, von Nikolaus Ludwig Graf von Zinzendorf für die Herrnhuter Brüdergemeine entwickelt und vom

Unbewusste Ironie

3.3 Aufbau

Erzähler über Seiten hin erörtert, ist im Erzählablauf gleichwertig
wie die Beschreibung eines Verkaufs von Cervelatwurst (vgl. 36)
oder die Berichte über die Verwandtschaftsbeziehungen mit dem
verlorenen Bruder. Für den Bericht sind die ersten beiden Informationen letztlich belanglos. Das Leben der Lebensmittelhändler
(vgl. 35 ff.) und Fotografen (vgl. 64 ff.) wird ebenso ausführlich
dargestellt wie das Schweineschlachten (vgl. 40) oder der Speise-
kartenvergleich der Kantinen im Umfeld der Gerichtsanthropologie
(vgl. 98). Diese Nebenhandlungen, die jeden Ansatz einer novel-
listischen Struktur zerstören, haben die gleiche Bedeutung wie die
Suche nach Arnold. Indem sich in diesem Bericht die wichtigsten
Vorgänge auf einer gehobenen Stilebene euphemistisch hinter Begriffen verbergen – Scham, Schuld und Schreckliches –, verlieren
sie gegenüber der detaillierten Beschreibung der alltäglichen Vorgänge zusätzlich an Bedeutung. Manchmal verlässt der Erzähler
seine Position und begibt sich in die Rolle eines anderen, so wenn
er einen Beamten zitiert (vgl. 101).

**Tradition des
Schelmenromans**

In diesen Zusammenhang gehören Elemente des Schelmenromans, die Tradition eines Laurence Sterne (*Das Leben und die Ansichten Tristram Shandys*, 1759–67) oder Grimmelshausen (*Simpli-
cissimus*, 1668/69). Der Schelmenroman hat die Möglichkeit, dass
der Erzähler von seiner Geburt, ja sogar von der Zeit davor berichten
kann („Vom Tag meiner Geburt an herrschte ein Gefühl von Schuld
und Scham in der Familie, ohne dass ich wusste, warum.", 17; „...
schließlich war Krieg, außerdem befand er sich im Osten, und trotz-
dem freute er sich", 7). Der Erzähler wird unfreiwillig zum Schelm,
weil seine Naivität der beherrschende und von ihm bewahrte Cha-
rakterzug wird, der ihn vor anderen Belastungen schützt.

3.3 Aufbau

Erzählanlass: das „Schreckliche"

Erzählanlass ist die Belastung, die der Ich-Erzähler von seinem verlorenen Bruder erfährt: Immer ist dieser vor ihm da, im Fotoalbum,
in der Liebe der Mutter, bei der Freude am Leben; er „war ein
fröhliches Kind" (7) und sah „wie ein bedeutender Mensch" aus
im Gegensatz zum Erzähler (9). Der Erzähler fühlt etwas Unausge-
sprochenes, Verdrängtes und Verheimlichtes, ausgelöst durch die
Mitteilungen der Mutter über Arnolds Tod, „auf der Flucht vor dem
Russen verhungert" (11). Weil die Mutter auf alle anderen Fragen
schweigt, schließlich ihre erste Aussage korrigiert und erzählt, Arnold sei nicht tot, führt die dadurch ausgelöste Irritation des jüngeren Bruders zum Erzählen, das von vornherein zwei Ebenen der
Geschichte hat, „die ich zum Teil verstanden und zum Teil auch
nicht verstanden habe" (13). Erzählt wird die Geschichte, die der
Erzähler verstanden hat. Als angedeuteter Untertext findet sich eine
nicht verstandene Geschichte. Sie wird an die Leitbegriffe „Schreckliches" und „Russen" (14), aber auch „Schuld und Scham" geknüpft.

> Nur Neben-, nicht Hauptfigur

Die genaue Zeitangabe (20. Januar 1945) wird erst spät in die
Handlung eingeführt (53). Am Ende gibt es eine Auflösung, der
Erzähler hat die Belastung durch den verlorenen Bruder überwunden, allerdings nur dadurch, dass sich für die Mutter die Sache
erledigt hat. Für den Erzähler geht seine Geschichte weiter, die er
vorerst nicht mehr an den Leser weitergibt. Das Ende drängt nach einer Fortsetzung, die im Text mit einem epischen Präteritum (hier:
präterite Zeitform des Erzählens mit einem zukünftigen Inhalt)
angedeutet wird. Der Erzähler bemerkt, dass sich das eigenarti-
ge Verhalten der Mutter mit einem „tiefe(n) Schmerz" verbindet,
der sich auf ihr Gesicht legt, wenn sie den Erzähler sieht, „doch
begriff ich erst viel später, warum das so war" (140). Dafür böten
sich zwei Möglichkeiten an, die über den vorhandenen Text hinaus-
reichen:

> Überwundene Belastung

> Über den Text hinaus

3.3 Aufbau

DAS SCHRECKLICHE ALS EIN LEITBEGRIFF IM TEXT

1. Phase: Das Schreckliche	→	2. Phase: Die Enthüllung des Schrecklichen
→ „**Schreckliches**" als Grund für die Übergabe des Kindes an eine fremde Mutter **(15)** → „**Schreckliches**" als erwarteter Tod durch die Russen – tritt nicht ein **(15)**. → „**Schreckliches**" wurde doch zugefügt **(16)** – vermutlich Vergewaltigung, → „**Schreckliches**" nur der Mutter widerfahren **(16)** → „**Schreckliches**" löst „Schuld und Scham" aus **(17)** und → führt zur Unfähigkeit zu Freizeit und Erholung **(20)**.		→ Biologische Untersuchungen weisen den Erzähler als unsicheres Kind beider Eltern aus **(60)**. → Das „**Schreckliche**" bleibt erhalten, führt zur Schwermut **(81)**, → wird aber verschwiegen, „nicht gewillt", über Erfahrungen mit den Russen zu reden **(109 f.)**. → Erzähler schlussfolgert, er sei vielleicht „ein Russenkind" **(151)**, → als Folge der angedeuteten Vergewaltigung am 20.01.1945. → Das Datum spielt als einziges eine Sonderrolle **(53)**.

1. Nachdem der Erzähler die Belastung durch den verlorenen Bruder psychologisch überwunden hat – dabei entstand dieser Bericht –, steht ihm nun eine weitere Behandlung zu seiner Herkunft bevor. So wie er zuvor sein „Spiegelbild" hasste, so nun die noch unbekannte eigene Vergangenheit (140).

2. Die Mutter erklärt nach der ersten bisher verbreiteten Behauptung, dass Arnold verhungerte, dass er in Wirklichkeit lebte, nun auch die mögliche, bisher verheimlichte Herkunft des Erzählers aus einer Vergewaltigung durch einen russischen Soldaten. Sein Selbsthass steigert sich und wird im Sprachlichen erkennbar: Ihm ist nicht zum Heulen, sondern er selbst „war im wahrsten Sinne des Wortes zum Heulen" (140).

3.4 Personenkonstellation und Charakteristiken

Bis auf den Vater und den verlorenen Sohn, die beide Arnold heißen, und den Polizisten Rudolph haben die Figuren im *Verlorenen* keine Namen. Dadurch erscheinen die Mutter und der jüngere Sohn, der Erzähler, typisiert und wirken parabelhaft. Diese fünf Personen bestimmen die Erinnerungen des Erzählers.

ZUSAMMEN-FASSUNG

Der Ich-Erzähler

Der Erzähler ist ein „zu dick geratener pubertierender Knabe" (139), am Anfang um 1960 etwa 15 Jahre. Er erinnert im Erzählen daran, dass er während seiner „Kindheit und ersten Jugendjahre" (12) von den Eltern nie um eine Aussprache gebeten worden sei. Als erste Phase der Jugend, die bis zum Alter von 25 gerechnet wird, bezeichnet man das Alter bis etwa 18 Jahre auch als Adoleszenz. Der Erzähler ist ein Vertreter der Antihelden, denen Treichel in seinen Werken unterschiedliche Profile gibt.

Sein Alter ist laut Jürgen Krätzer angeblich „nur schwer zu bestimmen"[47]. Doch kann man davon ausgehen, dass er im September 1945 geboren wurde. Dafür sprechen Hinweise im Text: Der Erzähler sieht sich möglicherweise als „Russenkind" (151), und das stünde im Zusammenhang mit dem Erlebnis des „Schrecklichen" der Mutter, einer Vergewaltigung. Der Text enthält Indizien (vgl. z. B. S. 21, 45 f. und 74 f.) dafür, dass der Erzähler im Herbst 1945

Zu Beginn etwa 15 Jahre alt

Geburt im Herbst 1945?

---

47 Krätzer, S. 149. – Wolfgang Müller (s. d.) geht von einem „etwa sechzehnjährigen Jungen" aus.

3.4   Personenkonstellation und Charakteristiken

geboren wurde.[48] Die Erinnerungen des Erzählers, die den Text bestimmen, reichen bis ins Todesjahr des Vaters 1964 und bis zum Abbruch der Suche nach dem Bruder (vgl. 158), obwohl der schließlich gefunden zu sein scheint (vgl. 174).

Für die zeitlichen Abläufe bietet der Text eine Reihe von Hinweisen:

1. Die Mutter berichtet vom „Schrecklichen", das ihr bei der Begegnung mit den Russen im Januar 1945 passiert sei (vgl. 16, 20) und bei dem ihr der Vater nicht habe helfen können (vgl. 14). In das Wortfeld wird auch das Wort „Scham" eingefügt, das in diesem Kontext kaum eine andere Deutung zulässt, als dass das Schreckliche die Vergewaltigung der Mutter war, die den Vater zum handlungsunfähigen Zeugen werden ließ. (In *Tagesanbruch* bezieht sich die Scham ausschließlich auf die Vergewaltigung, „eine Scham, die mein ganzes zukünftiges Leben vorhalten sollte". S. 77) Die panische Weitergabe des Sohnes an eine andere Frau war unter diesen Umständen instinktiv richtig und keine Handlung, für die man sich objektiv gesehen schämen müsste. Der Erzähler weiß nur vom „Schrecklichen". Die Geburt 1945 entspräche auch den Äußerungen des Erzählers über seine Erfahrungen mit den Familienautos: mit dem „Buckeltaunus" (21), der bis 1952 produziert wurde, und dem schnell darauf folgenden Opel Olympia (vgl. 21), gebaut seit 1953, bis hin zum Opel Admiral, den der Vater sofort nach Einführung 1964 gekauft hat (vgl. 80).

---

48   Hans-Ulrich Treichel hat diese Erklärung in seiner Konzeption allerdings nicht vorgesehen; für ihn ist die Herkunft des Erzählers „nicht fraglich" (Brief vom 29. März 2005 an den Verfasser). Der Erzähler sei wie der Autor nach 1950 geboren, „nicht etwa 1945". Doch gehen auch mehrere Kritiker von einem Geburtsjahr 1945 oder den „Nachkriegsjahren" aus (s. Wolfgang Müller S. 2, Wróblewska, S. 26).

3.4 Personenkonstellation und Charakteristiken

DIE FAMILIÄRE STELLUNG DES ICH-ERZÄHLERS

Geboren im September 1945.

↓

Zeugungszeitpunkt (20. Januar 1945) stimmt mit dem „Schrecklichen" überein.

↓

Das „Schreckliche" war eine Vergewaltigung:
Der Erzähler schließt es auch aus Berichten des Vaters **(54)**, keine Frau sei sicher gewesen.
Bestätigung durch die „Scham" über den Vorfall.

↓

Ich-Erzähler vermutet, er sei ein „Russenkind" **(151)**.

↓

Damit hätte er eine völlige Ausnahmestellung: **elternlos** **(151)**.

2. Der namenlose jüngere Sohn hat eine scheinbar ursprüngliche Beziehung zu Russischem und der russischen Sprache (vgl. 24 f.). Ohne die Sprache zu verstehen, spürt er beim Hören, dass es eine Beziehung der Familie dazu gibt, die durch die bekannten Ereignisse nicht erklärbar ist. Er ist in vielem anders als erwartet und wird in der Familie vernachlässigt, deutlich zurückgesetzt gegen Arnold, den älteren Sohn, den Verlorenen. Das erklärt sich möglicherweise damit, dass der Jüngere die Folge einer Schwangerschaft infolge der Vergewaltigung ist. Selbst im Erzählen wird das deutlich, in dem nirgends der Name des Erzählers genannt wird, aber auch Vater und Mutter ihn nicht erwähnen.

Beziehung zum Russischen

Der Erzähler berichtet von der Suche nach seinem Bruder, in die er einbezogen worden ist; er hat darin keine Befriedigung und keinesfalls Glück gefunden, sondern seine Ordnung gestört gesehen.

Der Bruder als Störung

3.4 Personenkonstellation und Charakteristiken

Der Bericht endet damit, dass das gefundene Findelkind abgelehnt wird, weil er von der Mutter nicht als Erstgeborener anerkannt bzw. angenommen wird. Andere Themen, z. B. Schulbesuch und Klassenkameraden, haben in dem Prosatext, im Gegensatz zum Film, geringe Bedeutung.

Neigung zum Geheimnisvollen

Der Erzähler hat eine Neigung zu Geheimnisvollem, findet im Dachboden einen „Zauberwald" (46) und unter einer Falltür einen „verborgenen Raum" (48); im alten Haus entdeckt er eine geheimnisvolle unbekannte Kammer. Er hat zudem eine spezielle Begabung: Menschen auf Fotos sieht er „jetzt schon als Tote" (65).

Schreiben zur Selbstbehauptung

Dem Erzähler wird auch später die Individualität genommen, er wird an der verschollenen Individualität des Bruders Arnold gemessen, der selbst des Erzählers Gesicht beansprucht, sei er – Arnold – ihm doch „wie aus dem Gesicht geschnitten" (55). Selbst auf Fotos ist die „Hinterkopfaufnahme" (66) wichtiger als sein Gesicht, weil sie der Identifikation des Bruders dienen soll. Dagegen entwickelt er eine Variante der Bulimie, „eine spezielle Form von Reisekrankheit" (21), um sich von der einseitigen Beachtung des Verlorenen abzuheben und für die Aufmerksamkeit zu sorgen, die er sonst vermisst. Auch sein Erzählen dient dazu, eine solche Aufmerksamkeit zu gewinnen, aber sicherlich will er dadurch auch seine Individualität behaupten und von der des verlorenen Bruders absetzen. So wäre sein Erzählen auch als autobiografischer Bericht zu begreifen.

Der Verlorene (Arnold)

Der Erstgeborene

Arnold junior ist der Bruder des Erzählers, geboren 1943. Mit der Beschreibung seines Fotos beginnt der Bericht; Arnold war zum Zeitpunkt des Fotos sechzehn Monate. Am 20. Januar 1945 wird er auf der Flucht in einer gefährlichen Situation von der Mutter „einer fremden Frau in die Arme gelegt" (53). Merkwürdig mutet an, dass sich das Kinderfoto „ganz vorn" (7) und noch vor den Hochzeits-

3.4 Personenkonstellation und Charakteristiken

bildern der Eltern befindet. Das lässt es möglich erscheinen, dass Arnold schon vor der Hochzeit zur Welt kam. Von Beginn der Suche an sind sich Erzähler und verlorener Bruder „verblüffend" (55) ähnlich; der Vater findet, der „mutmaßliche Bruder" sei dem Erzähler „wie aus dem Gesicht geschnitten" (55). Das irritiert insofern, als der Erzähler jünger ist als der verlorene Bruder, also er jenem aus dem Gesicht geschnitten sein müsste. Andererseits bedeutet die Formulierung wortwörtlich den Verlust des Gesichtes.

Die Eltern

Die Eltern des Erzählers stammen aus dem „Osten" (7), wurden 1945 vertrieben und kamen nach Westfalen, ähnlich wie Treichels Eltern: Sie „kamen voraussetzungslos, im Wortsinne rückhaltlos aus der Tiefe des östlichen Raumes in das flache Westfalen. Wohl mit anderen Vertriebenen, aber ohne ihre Eltern oder gar Großeltern und auch ohne, wie mir damals schien, ein wirkliches Andenken daran."[49] Großeltern werden einmal bei der Beschreibung des Fotoalbums erwähnt (7); sonst gab es „einen Großvater, eine Großmutter ... nicht"[50].

Voraussetzungslose Vertriebene

Der Vater

Arnold senior ist bäuerlicher Herkunft, hat zweimal nach den Kriegen Haus und Hof verloren und sich nun zum dritten Mal in der Nachkriegszeit eine Existenz aufgebaut. Das lässt mindestens fragen, wem Haus und Hof zuvor gehörten und wie weit der Vater durch den Erwerb dieses Besitzes zum Täter bzw. Profiteur des NS-Regimes geworden ist. Er ist hart, spießig und tyrannisiert die Familie, wie die Vatergestalt im Roman *Menschenflug*. Glücklich ist

Tyrannischer Spießer

---

49 Treichel: *Der Entwurf des Autors*, S. 21.
50 Ebd., vgl. auch ebd. S. 68.

3.4 Personenkonstellation und Charakteristiken

er, wenn er anderen schaden, sie mindestens ärgern kann: So gefällt ihm das sonst abgelehnte Fernsehen nur, wenn seine Schwester da ist, da diese das Fernsehen für eine „Erfindung des Teufels" (29) hält. Er ist Kaufmann und wird Großhandelskaufmann, hat zuerst eine Leihbücherei, dann ein Lebensmittelgeschäft und schließlich einen Fleisch- und Wurstgroßhandel. Mit dem Aufstieg ändern sich die Ansprüche: Aus dem alten Fachwerkhaus, der früheren Poststelle, wird ein modernes Haus, doch zerstört der Umbau das geliebte „Kindheitslabyrinth" (46) des Erzählers. Durch die Suche nach Arnold könnte der Vater Klarheit in die familiären Verhältnisse bringen und erkunden, ob Arnold überhaupt sein Sohn ist (der im Familienalbum merkwürdigerweise noch vor den Hochzeitsfotos zu finden ist). Die Ergebnisse der Untersuchungen sprechen mehrfach eher dagegen; das Findelkind 2307 passe „leidlich schlecht" (151) zum Vater, er sei als Vater „unwahrscheinlich" (151) usw.

Die Mutter

Sinnstiftende Schuld

Sie ist für den Inhalt des Erzählten verantwortlich, denn das Detailwissen vom Treck und dem Verlorengehen Arnolds hat der Erzähler ebenso von ihr wie die Heroisierung des Bruders. Nachdem die Mutter zuletzt das Interesse an der Suche verliert, stellt sich die Frage, warum sie überhaupt betrieben worden ist. Sie macht aus dem Verlust des Sohnes eine Schuld, ihre Schuld, aber für die historische Schuld der Deutschen hat die Mutter, wie der Vater, keinen Gedanken. Der Verlust des Kindes macht sie dagegen zum Opfer und verhindert, nach ihrer Mittäterschaft zu fragen. Mit dieser individuellen und konstruierten Schuld – denn in der gefährlichen Situation war die Weitergabe des Kindes eine durchaus richtige Entscheidung – konnte sich die Mutter nach dem Krieg mit der Suche nach dem Sohn wiederum künstlich einen Sinn schaffen:

3.4 Personenkonstellation und Charakteristiken

„Die Mutter aber entwickelt sich zur Meisterin im Terror des Vorwurfs, um aus dem Trauma von einst einen Lebensinhalt zu machen. Terror bietet Lustgewinn, dem fröhlichen Schweine-hirnessen vergleichbar, und der verlorene Arnold wandelt sich immer mehr zur Waffe im Ehe- und Familienkrieg."[51]

Zur Belastung für die Mutter wird, dass der Erzähler dem verlore-nen Sohn „wie aus dem Gesicht geschnitten" (55) ist, aber er ist möglicherweise nicht der Sohn des Vaters.

Herr Rudolph

Der Revierpolizist in dem ostwestfälischen Städtchen ist „ein Freund der Familie" (58). Für den Erzähler ist er „ein weitaus freundlicherer Mensch als der Vater" (128 f.). Nach dessen Tod sorgt er sich „um die Mutter" (141). Er kümmert sich um entsprechende Gutachten zu Arnold und nimmt den Platz des Vaters in der Familie ein. Als er das schroffe Verhalten des Vaters gegenüber dem Erzähler anwendet, entzieht der ihm seine Sympathie. Die Mutter wird den Antrag, den ihr Herr Rudolph „vor längerer Zeit gemacht" (171) hat, ablehnen.

Nachfolger des Vaters

In Treichels Werken finden sich zwei Konstanten in den Fi-gurenensembles:
1. Treichels Helden/Hauptgestalten sind sich ähnlich; sie sind Figurationen der fortgesetzten Unauffälligkeit und stammen oft aus Ostwestfalen.
2. Die andere Konstante sind Treichels Mütterfiguren, die in Distanz zu ihren Söhnen leben.

---

51 Schulz.

3.5 Sachliche und sprachliche Erläuterungen

Wenn in den folgenden Erläuterungen, später in den Interpretationsansätzen Beziehungen, Parallelen und Vergleiche erörtert werden, waren sie Hans-Ulrich Treichel möglicherweise beim Schreiben nicht alle bewusst. Vielmehr werden im literarischen Schaffen Eindrücke, Wissens- und Bildungselemente unbewusst, intuitiv abgerufen. Das kann bis zur Zitatmontage führen, die unterläuft. Solche Verwendungen sind umso zahlreicher, je mehr Wissen der Autor angehäuft hat. Vom Wissen des Literaturwissenschaftlers Treichel erhält der Interessierte durch die Frankfurter Poetikvorlesungen *Der Entwurf des Autors*, 2000, eine Vorstellung.

| Titel | **Der Verlorene** | Die Parallelen, die zum Titel einfallen, reichen vom Lukas-Evangelium bis zu Albert Camus (*Der Fremde*), das substantivierte Partizip erinnert an Thomas Bernhards Titel wie *Der Untergeher*. Es wird auf das biblische *Gleichnis des verlorenen Sohnes* angespielt, das für einen Sünder steht, der Buße tut (Lukas 15, 11–32). Der jüngste Sohn einer Familie lässt sich sein Erbteil auszahlen, geht in die Welt und verprasst das Geld, so erzählt Jesus. Er muss als Schweinehirt sein Leben fristen, aber selbst Schweinefutter verwehrt man ihm. Er kehrt voller Reue nach Hause zurück, bittet den Vater, ihn als Knecht arbeiten zu lassen, der Vater aber feiert die Heimkehr und setzt ihn wieder in seine Rechte ein. Als der ältere Bruder darüber erzürnt ist, beruhigt ihn der Vater, „denn dieser dein Bruder war tot und ist wieder lebendig geworden; er war verloren und ist wiedergefunden". |
| | **(Gattungs- bezeichnung)** | Eine Gattungsbezeichnung fehlt. Im Verlagshinweis wird der Text als „Erzählung" bezeichnet, sicherlich wäre auch „Roman" möglich. Doch ließe sich der Text auch als „Bekenntnisse" bezeichnen. Zutreffend wäre „(fiktiver) Bericht". |

3.5   Sachliche und sprachliche Erläuterungen

7	**hockte auf einer weißen Wolldecke**	Es handelt sich um die klassische Form des Säuglingsbildes traditionsbewusster Familien. Die gehobene Variante wurde mit einem Eisbärenfell ausgestattet. Ihre Entsprechung findet die „weiße Wolldecke" in der weißen Taufdecke des Erzählers (9), unter der man diesen aber versteckte.
7	**des Krieges**	Obwohl die Jahresangabe fehlt, wird der Zweite Weltkrieg (1. 9. 1939 bis 8. 5. 1945) schon durch die Ortsangabe im „Osten" erkennbar; später bestätigt der Erzähler das. Das „letzte Kriegsjahr" war das Jahr vom Mai 1944 bis zum Mai 1945. Der Beginn der Handlung wird später auf die Zeit vom 20. Januar 1945 (53) an präzisiert.
7	**der Osten**	Begriff für die Gebiete östlich der heutigen deutschen Oder-Neiße-Grenze (Pommern, Ostpreußen, Schlesien), die vor dem Zweiten Weltkrieg jenseits von Oder und Neiße vom Deutschen Reich beansprucht – Grenzfluss Memel – und durch den Krieg zuerst erweitert wurden, dann verloren gingen und von den ca. zehn Millionen Deutschen geräumt werden mussten, da diese Gebiete auf der Konferenz von Jalta (1945) von den Alliierten nach dem Sieg über den deutschen Faschismus Polen und im Fall Königsbergs der Sowjetunion zugesichert und auf der Potsdamer Konferenz entsprechend aufgeteilt wurden (2. August 1945). Die Beziehung zwischen Deutschen und dem Osten war immer spannungsreich und wurde häufig literarisch gestaltet, besonders intensiv und literarisch dauerhaft von Johannes Bobrowski (1917–1965).
7, 63 ff.	**das Photo**	Fotos/Bilder bekommen leitmotivische Bedeutung für den Text und bezeichnen den unterschiedlichen Stellenwert der Brüder in der Familie. Es beginnt mit dem eindrucksvollen Foto Arnolds. Auf den Fotos, die den Erzähler zeigen, ist er stets reduziert auf einen Fuß, ein Auge, eine Hand oder das halbe Gesicht (vgl. 9) zu sehen. Die Reihe endet bei den

3.5   Sachliche und sprachliche Erläuterungen

		Fotos des Erzählers als **Vergleichsdokumente** für die Suche nach dem Bruder (vgl. 64 ff.). Nun soll das Foto des Erzählers „so deutlich wie möglich" (66) werden, allerdings die „Hinterkopfaufnahme" (66). Die Beschreibung von „Hinterkopfaufnahme" und „Ohrhinteransicht" (66) gehört zu den ironischen Abschnitten; sie erreichen ihren Höhepunkt, als sich die Fotos als sinnlos herausstellen, weil vom verlorenen Bruder keine entsprechenden vorhanden sind. In diesem Vorgang wird die Individualität des Erzählers verdrängt.
7	**Arnold**	Indem der Vorname des Vaters an den ältesten Sohn weitergegeben wird, sollte der Charakter einer Familiendynastie suggeriert werden. „Arnold" ist dazu ein germanisch-heroischer Name; er bedeutet „wie ein Adler waltend".
8	**Box**	Einfacher, weit verbreiteter Fotoapparat, einem schwarzen Kasten (Box = Schachtel) ähnlich, in dem sich eine Dreifach-Blende und ein lichtschwaches Objektiv befanden. Seit 1932 durch die AGFA verkauft, hatte die Box um 1950 nochmals eine Blütezeit.
8	**Teil meines Kopfes**	Das Problem des Erzählers ist die familiäre Geringschätzung, der er ausgesetzt ist. Dadurch sieht er sich auch nicht als ganzen Menschen, sondern nur fragmentarisch oder mit einem „Schatten" belegt. Bei der Bewertung der Erzähler-Fotos wird alles Verdrängende aufgeboten: Das Wasser reichte „bis zum Kinn", der Kopf war „teilweise verdeckt", auf dem sichtbaren Teil lag „ein Schatten", und tatsächlich war „nur das rechte Auge zu sehen" (8).
9	**Taufe**	Die Taufe ist ein Höhepunkt im Leben eines Christen. Hier wird sie zum Höhepunkt der Verdrängung: Der Erzähler ist auf dem Foto anlässlich seiner Taufe „so gut wie überhaupt nicht zu sehen" (9).

3.5 Sachliche und sprachliche Erläuterungen

11	vor den Russen	Umgangssprachliche Bezeichnung für die Soldaten der Roten Armee, die verbreitet verwendet wurde und wird. Auch Christoph Heins Held (*Von allem Anfang an*) verwendet sie. Doch ist sie ungenau; in dieser Armee kämpften Nationalitäten der sechzehn (fünfzehn[52]) Republiken der Sowjetunion, nicht nur Russen.
11	Treck vom Osten in den Westen	Im Januar 1945, Ostpreußen war von der Roten Armee eingeschlossen, setzte sich ein riesiger Flüchtlingszug in Bewegung und verließ die bisherige Heimat. Vor allem Frauen, alte Männer – die 16- bis 60-Jährigen wurden in den Volkssturm gezwungen – und Kinder machten sich in den Trecks (Flüchtende mit Pferdefuhrwerken, wenigen Kraftwagen, Reitern und Handwagen) auf den Weg nach Westen. Es war eisiger Winter (nachts: minus 20 Grad), Kinder und Alte erfroren und wurden zurückgelassen. Oft wurden die Trecks aber auch von der Wehrmacht in die Gräben gedrängt, wenn diese ihre Truppen bewegte. In deutschen Befehlen hieß es: „Die Trecks müssen von den Straßen."[53] – Es gab zwei Phasen, in denen die Deutschen diese Gebiete mit Pferdefuhrwerken verließen, einmal auf der Flucht vor der Roten Armee Ende 1944/Anfang 1945 und zum anderen bei der Aussiedlung aus den ehemaligen Ostgebieten des Deutschen Reiches in den Jahren 1946 bis 1948.
12	Aussprache	Die Kommunikation in der Familie ist grundsätzlich gestört. Der Vater verkehrt durch „kurze Befehle und Arbeitsanweisungen" (12) mit seinem Sohn; die Mutter redet „gelegentlich" mit ihm, doch läuft das immer auf ein Gespräch über Arnold hinaus, und Wichtiges wird in eine „Aussprache" verlegt, nicht in ein Gespräch. – In der Aussprache spielt

---

52 Die Karelo-finnische Republik war nur von 1940 bis 1956 selbstständig.
53 Heinrich Schwendemann: *„Schickt Schiffe!".* In: DIE ZEIT, Nr. 3, 13. Januar 2005, S. 84.

3.5 Sachliche und sprachliche Erläuterungen

		sich ein klassisches „windschiefes" Gespräch ab: Man redet aneinander vorbei. Der Erzähler fragt, ob Arnold etwas zugestoßen sei, obwohl er davon ausgehen kann, dass Arnold tot ist. Auf die Mitteilung der Mutter, dass Arnold nicht tot sei, fragt der Erzähler zurück, „woran Arnold denn dann gestorben sei" (13).
15	Dawai!	Von давáть (geben); Imperativ mit folgendem Verb давáй бéгать bedeutet dringliche Aufforderung: „los, vorwärts gehen", meist nur verkürzt verwendet.
17	der untote Bruder	Mit dieser Bezeichnung erklärt der Erzähler seinen Bruder zum Vampir (der Untote); bezieht man den Kontext ein, meint der Erzähler, dass der nicht vorhandene Bruder ihm die Bedeutung in der Familie beschnitten hat.
18	Teutoburger Wald	Traditionsreicher, 110 km langer Wald in Westfalen und Niedersachsen, der als Ort der Varus-Schlacht 9 n. d. Z. angenommen wurde. In den letzten Jahren fand die Forschung Hinweise, dass die Schlacht im Raum Kalkriese (Landkreis Osnabrück) stattfand. Der Teutoburger Wald und der germanische Heerführer Hermann der Cherusker (Arminius), der die Schlacht gegen Varus führte, waren zuerst Symbole der Freiheit und der deutschen Einheit, sie wurden aber später von nationalistischem Gedankengut überlagert.
19	Bismarckturm	Zur Erinnerung an den Reichskanzler Otto von Bismarck (1815–1898), Gründer und erster Kanzler des Deutschen Reiches von 1871, wurden nach Bismarcks Tod zahlreiche Bismarck-Türme gebaut, die meist als Aussichtstürme dienten. Gehörte neben dem Hermannsdenkmal und den Externsteinen zu den „Kultstätten" der Kindheit Treichels.[54]

---

54 Treichel, *Der Entwurf des Autors*, S. 65.

3.5 Sachliche und sprachliche Erläuterungen

19	**Kirchturm meines Heimatortes**	Zu denken ist an Treichels Geburtsort Versmold, der südlich des Teutoburger Waldes in Ostwestfalen und grenzend ans Münsterland liegt.
19	**schwäbischpietistische und (...) ostpreußische Herkunft**	Der Pietismus (lat.: pietas = Frömmigkeit), eine protestantische Reformbewegung aus dem 17. und 18. Jahrhundert mit dem Ziel der Wiedererweckung lebendiger Frömmigkeit, hatte neben den Franckeschen Stiftungen (Halle a. d. Saale) in Württemberg ein zweites Zentrum (J. A. Bengel, 1687–1752 u. a.). Pietismus und aufklärerische Kirchenkritik wurden oft gleichgestellt; er ließ keinen Raum für Freizeit und Unterhaltung (vgl. 20). Ähnlich stellte man sich die Ostpreußen vor, allerdings weniger aus Glaubenstradition, sondern mehr wegen ihrer Veranlagung. – Die Berufung auf deutsche Stammeseigenschaften bekommt im Umfeld der fortbestehenden faschistoiden Überzeugungen einen makabren und fragwürdigen Anstrich.
21	**eine spezielle Form von Reisekrankheit**	Die vom Erzähler für sich entwickelte Krankheit, die in jedem Falle funktionierte, „ob ich mich selbst bewegte oder bewegt wurde" (21), lässt ihn als Nachfolger eines Thomas Mann'schen Felix Krull, also einen Hochstapler, erscheinen.
21	**der alte Ford (Buckeltaunus), Opel Olympia, Limousine mit den Haifischzähnen**	Ford Taunus, benannt nach dem Mittelgebirge Taunus, und Opel Olympia waren modernisierte Vorkriegsautotypen, die den wirtschaftlichen Aufstieg der Bundesrepublik Anfang der fünfziger Jahre begleiteten und signalisierten. Der Opel Olympia war das Opel-Flaggschiff der fünfziger Jahre und wurde 1953 der Star auf der IAA. Bekannt wurde der Opel Kapitän als das Auto mit dem „Haifischmaul" (Kühlergrill). Die in den sechziger und siebziger Jahren gefahrene Marke des Opel Admiral (80), hergestellt ab 1964, der den Opel Kapitän fortsetzte, war ein typisches Wohlstands- und Repräsentationsauto.

3.5 Sachliche und sprachliche Erläuterungen

		Die Nennung der Automarken kennzeichnet den zeitlichen Verlauf in den fünfziger Jahren und den sozialen Aufstieg der Familie.
23	**VW, DKW**	Beide Autotypen hatten den Krieg überdauert und wurden nach dem Krieg modernisiert weitergebaut. DKW geht auf den dänischen Maschinenbauer Rasmussen zurück, der 1916 für den deutschen Heeresbedarf Dampfkraftwagen (DKW) zu bauen versuchte. 1919 baute er einen Spielzeugmotor „Des Knaben Wunsch" (DKW) und schließlich einen 1-PS-Zweitaktmotor, den man „Das Kleine Wunder" (DKW) nannte. 1928 kam das erste DKW-Automobil auf den Markt (15 PS). Die Volkswagenwerk AG wurde 1937 zur Produktion des Volkswagens als GmbH gegründet und stellte den VW her.
24	**Fernseher**	Nachdem es schon im Dritten Reich beschränkt Fernsehen gegeben hatte (ca. 2000 Empfänger), begannen 1952 die regelmäßigen Ausstrahlungen. Das Fernsehen wurde schnell massenwirksam und um 1960 war es in beiden deutschen Staaten nicht nur weit verbreitet, sondern es wurde ein Instrument in der politischen Auseinandersetzung.
25	**Äther**	mythologisch: Aither; stilistisch gehoben für „Himmel", „Weltseele" und „göttlich reine Himmelsluft".
31	**intime Szene**	Die von intimen Szenen im Fernsehen ausgehende Verlegenheit und Irritation der Mutter und des Erzählers werden durch die Ahnung des Erzählers erklärt, ein Ergebnis des „Schrecklichen", eines brutalen sexuellen Übergriffs, und damit des Nichtintimen zu sein, während Zeugungsakte sich intim vollziehen. Die Szene wird durch den Ödipus-Komplex Siegmund Freuds erklärt.

3.5 Sachliche und sprachliche Erläuterungen

32	**Das Lebens-mittelgeschäft**	Treichels Eltern führten einen Tabakwarengroß- und Einzelhandel, dessen Pappkartons Treichels Kindheit prägten.[55]
38–45	**ein frischer Schweinekopf**	Die ausführlich beschriebene Szene mit Schwei- nekopf und Schweineblut weckt verschiedene Assoziationen zum Essen, vom *Gleichnis vom verlorenen Sohn* bis zu Günter Grass (s. S. 53 der Erläuterung).
46	**Kindheits-labyrinth**	Ein Labyrinth ist ein Gebäude/eine Anlage mit verschlungenen Gängen, aus denen man nicht herausfindet. Dädalus baute es für den kretischen König Minos auf Knossos, der darin den Minotau- rus gefangen hielt.[56]
50, 82	**Suchdienst des Roten Kreuzes**	Von Staat, Kirche und Wohlfahrtsverbänden ge- tragen wurde er 1945 in München gegründet; er forscht nach vermissten Personen aus der Zeit des Zweiten Weltkrieges (Flüchtlinge, Evakuierte und unbekannt verbliebene Soldaten); die Bear- beitung der Suchanfragen läuft über Hamburg und München. Sie verfügen über eine zentrale Namenskartei der Vermissten. Es konnten von 17 Millionen Suchanträgen die meisten beantwortet werden, jedoch gibt es nach wie vor mehr als Millionen ungeklärter Suchanfragen und jährlich kommen Tausende hinzu.
52	**Findelkind 2307**	Die Nummer ist authentisch[57] und wurde auch im Roman *Menschenflug* verwendet. Sie lässt sich auch als ironisch-böses Zahlenspiel verstehen, ähnelt doch die Zahl des Findelkindes der Zahl des Film-Spions James Bond 007, lässt an die eintäto- wierten Nummern von KZ-Insassen, aber auch von Angehörigen der Waffen-SS denken.

---

55 Ebd., S. 18.
56 Auf seinen Reisen glaubte der Autor in den Ruinen von Knossos „den fauligen Atem des Mino- taurus zu riechen"; später dachte er an eine Oper über den Minotaurus. Vgl. ebd., S. 72 und 98.
57 Vgl. Krätzer, *Kommentar*, S. 144.

3.5   Sachliche und sprachliche Erläuterungen

52	**am Ende dann doch nicht ihr Kind**	Diese Bemerkung erinnert an Jurek Beckers Roman *Der Boxer* (s. S. 34 dieser Erläuterung), in dem bis zuletzt unsicher ist, ob das wieder- gefundene Kind mit dem gesuchten identisch ist.
53	**Instinkt (…), nicht der Verstand**	Der Vater beruft sich auf den Naturtrieb, die er- erbte Fähigkeit der Tiere zur Erhaltung ihrer Art. Der Nationalsozialismus unterstellte, dass es in der Natur einen aus solchem Instinkt resultieren- den Trieb zur Rassenreinheit – „die Sprache des Blutes" – gebe, dem man zu folgen habe.[58] Der Vater übernimmt instinktmäßig faschistisches Gedankengut.
53	**20. Januar 1945**	Das erste (und einzige) genaue Datum im Text ist der Tag des „Schrecklichen", das der Mutter wider- fuhr, ihrer Vergewaltigung samt möglicherweise der Zeugung des Erzählers; es bezeichnet einen Tag der großen Flucht aus Ostpreußen, die über die Ostsee erfolgte, weil die Einkesselung durch die Rote Armee und der Beginn ihrer Großoffensi- ve keinen anderen Weg mehr ließ. Am 30. Januar sank die zum Militärtransporter umgerüstete *Wil- helm Gustloff* mit Matrosen und Flüchtlingen aus Ostpreußen, der Untergang wurde ein Thema in Grass' *Im Krebsgang*. Am 27. Januar wurde das KZ Auschwitz befreit.
55	**aus dem Gesicht geschnitten**	Die ursprünglich aus der bildenden Kunst stam- mende Formulierung bekommt für den Erzähler etwas bedrohend Barbarisches; er fühlt „Strom- schläge und Schmerzblitze", die ein „krampfarti- ges Grinsen" auslösen (56).

58   Christian Zentner (Hrsg.): *Adolf Hitlers „Mein Kampf"*. Eine kommentierte Auswahl. München: Paul List Verlag, 1974, S. 142 f.

3.5 Sachliche und sprachliche Erläuterungen

57, 85	**Trigeminusneuralgie**	Der Trigeminusnerv ist der fünfte Hirnnerv, der für die Sensibilität des Gesichts verantwortlich ist. Er entwickelt zeitweise anfallartige Schmerzen in seinem Versorgungsbereich. Diese sind häufig einseitig, sehr heftig und führen manchmal zu Tränenfluss und Gesichtskrämpfen.
58	**Blick in den Spiegel**	Das Motiv ist in der Literatur berühmt und signalisiert Selbstentfremdung; so sieht der Erzähler auch nicht sich, sondern den Bruder im Spiegel. Der Spiegel bzw. das Spiegelbild werden leitmotivisch verwendet (vgl. 140, 174), denn der Erzähler und der gesuchte Arnold begegnen sich wie Spiegelbilder (vgl. S. 48 u. 55 der Erläuterung).
60	**Fingerbeermuster**	Wiss. Begriff für Fingerabdruck, Muster am ersten Fingerglied, das bei Fingerabdrücken abgenommen wird. Es wird durch Vererbung weitergegeben. Die Doppelschleifen, Leisten und Wirbel, die anschließend genannt werden, schaffen das Muster von erhöhten und vertieften Linien.
60	**das eheliche Kind**	Der Erzähler erfährt ein Indiz, was ihn bestätigen könnte, nicht das Kind beider Eltern, sondern nur das der Mutter und des russischen Vergewaltigers zu sein, „genauso wenig wahrscheinlich das Kind meiner Eltern wie Arnold" (60). Der Erzähler leidet darunter, „immer unwahrscheinlicher" (61) in seiner benennbaren Existenz zu werden.
62 f., 82 f.	**Anthropologischerbbiologisches Abstammungsgutachten**	Auch heute ist diese Form der Gutachten noch gebräuchlich und gesetzlich geregelt. Insbesondere finden biometrische Daten des Gesichtes (Nase, Iris, Mund, Ohren), aber auch Hände und Füße Eingang. Das Gutachten wird besonders zur Klärung von Vaterschaftsfragen bemüht. Seine Aussagekraft liegt deutlich hinter den genetischen Verfahren (DNA-Gutachten), die es damals noch nicht gab.

3.5   Sachliche und sprachliche Erläuterungen

63	**Mündel**	Aus gesundheitlichen oder altersbedingten Gründen nimmt bei einem Mündel eine andere Person die juristischen Rechte wahr; das Mündel ist entweder noch nicht mündig (volljährig) oder wurde entmündigt (nicht mehr handlungs- bzw. geschäftsfähig).
65	**eine Art Pranger**	Besonders im Mittelalter wurden am Pranger oder Schandpfahl (Säule, hölzerner oder steinerner Pfahl) Verbrecher nach dem Gerichtsurteil der öffentlichen Beschimpfung preisgegeben oder auch ausgepeitscht. Der Inhalt ist noch im Wort „anprangern" (öffentlich tadeln) zu finden.
66	**Schillerkragen**	Der junge Schiller trug weiße Hemden mit breitem Kragen, der vorn geöffnet war und über dem Jackenkragen lag. Mehrere Porträts, darunter das J. F. Weckherlin zugeschriebene um 1780 und eine späte Miniatur von Emma Körner, zeigen diesen Kragen, den Schiller nicht nur in der Jugend trug.
68	**Fassonschnitt**	Ein von Männern bevorzugter Haarschnitt, der das Haar möglichst kurz hält und der „Fasson" (Form) des Kopfes folgt.
69	**Gostynin**	Stadt 148 km westlich von Warschau in Richtung Thorn gelegen. Ca. 6000 Einwohner. Im Dritten Reich gehörte der Ort zum Wartheland.
71	**Tubera frontalia**	Die Stirnbeinhöcker sind sicht- und tastbare Erhebungen des Schädels im Bereich der Stirn. Sie liegen knapp unterhalb des Haaransatzes als obere seitliche Begrenzung der freien (haarlosen) Stirn.
72	**Ausbuchtung der Helix in der Gegend der Tierohrspitze**	Teil der knorpeligen Ohrmuschel, der am hinteren, oberen Anteil derselben liegt. Beim menschlichen Ohr handelt es sich nicht mehr um eine Spitze, sondern eher um einen kleinen, nach vorn gerichteten Höcker, den so genannten Darwin'schen Höcker. Dieser ist charakteristisch für das Individuum, aber nicht seitengleich.

3.5   Sachliche und sprachliche Erläuterungen

76, vgl. 110	Polenwirtschaft	Abwertende und beleidigende Bezeichnung für liederliche und unordentliche Zustände, die aus deutscher Überheblichkeit und Arroganz ausgangs des 19. Jahrhunderts geprägt und zuerst in nationalistischen, später auch in anderen Kreisen verwendet wurde.
79	sieben Tage in der Woche	Die sieben Tage erinnern an den Schöpfungsakt, hier aber sind die sieben Tage säkularisiert und alltäglich, geradezu trivial; der Schöpfungsmythos ist nahezu vergessen. Es gibt nur noch „Konkurrenten" und „Preisschwankungen" (79). Erst durch den Erzähler kommt wieder Mythisches in die Handlung (s. S. 107 ff. dieser Erläuterung).
89	krallenartige Zehen, der krallenartige Eindruck	Für den Erzähler bekommt der Vater auch physisch unmenschliche Züge, denn der krallenartige Fuß erinnert an mythische Fabelwesen. So war der skythische Vogel Greif, berüchtigt für seine Besitzgier, ein solches Monster mit Adlerkopf, Löwenleib und Krallen wie Klingen. Der andere Fuß jedoch ließe sich auf eine Ödipus-Variation beziehen: Ödipus (Schwellfuß) wurde vom Orakel als künftiger Mörder seines Vaters und Ehemann seiner Mutter prophezeit; beides traf ein. Treichels Ödipus zerstört mit den erbbiologischen Untersuchungen das Vaterbild des Erzählers.
92	Schicksalsgöttin	Parzen (lat.) oder Moiren (griech.) waren eine Dreiheit von Gottheiten, die das menschliche Schicksal von der Geburt bis zum Tode bestimmten.
95	Rohrerindex	Nach dem Schweizer Physiologen Fritz Rohrer (1888–1926) auch Index der Körperfülle genannt. Benutzt wird er zur Abschätzung des Körperbauzustandes. Prinzipiell werden Körperhöhe, Körpermaße und differenzierte Dimensionalität der Körperhöhe zueinander ins Verhältnis gesetzt. Der Index gehört in die Gruppe der Körperbauindizes wie der Body-Mass-Index, weist aber eine große Fehlervarianz auf.

3.5 Sachliche und sprachliche Erläuterungen

98	der Forensischen Psychiatrie	gerichtsmedizinische P., also Untersuchung der Funktion des Gehirns und die Behandlung von Störungen.
104	Der Tod hatte ein gerötetes Gesicht	Treichels Erzähler variiert das Bild eines personifizierten Todes und gerät sprachlich und rhetorisch in die Nähe des berühmten Verses: „Der Tod ist ein Meister aus Deutschland" aus der *Todesfuge* (Paul Celan), ohne diesen Satz zu verwenden: Er kennt diesen Satz, der die deutsche Schuld in eines der gültigsten Bilder brachte, nicht und sicher auch nicht seinen Schöpfer Paul Celan (1920–1970).
106	Verbrennungs-öfen	Die neuen Öfen sind in den Augen des Krematorium-Direktors „phantastisch" (106) und werden entsprechend gelobt; es wird verdrängt, dass mit solchen Öfen die Nationalsozialisten industriellen Massenmord betrieben. Erst in den letzten Jahren wurde erforscht, dass die Verbrennungsöfen von Auschwitz gegen Ende des Krieges nach Mauthausen verlegt wurden und dort weiterarbeiten sollten. Auf den Höhepunkt wird der makabre Umgang mit den Verbrennungsöfen getrieben, wenn der Leichenwagenfahrer erklärt, „Hygiene, Takt und Schnelligkeit seien die Grundelemente des Geschäfts" (107), nicht etwa Moral. Die deutsche faschistische Vergangenheit und die Shoah sind aus dem Bewusstsein verdrängt.
108	eine silberne Anstecknadel mit einem V-förmigen Symbol	Eine direkte Entsprechung zu dem „Symbol" gibt es nicht. Nach Aussage des Autors solle es „nur andeuten". Es könnte an das „Sieges"-Zeichen (victory) erinnern, aber auch Hinweis auf einen „Vertriebenenverband" sein, denn diese hatten oft ein V in ihrer Abkürzung (BdV): Die Landsmannschaft Ostpreußen hatte ein Wappen (v-förmig) mit einer Elchschaufel. Das V (für: Vaterland) hatte auch in Wappen und Symbolen der Burschenschaften Bedeutung.

3.5   Sachliche und sprachliche Erläuterungen

109	**vorläufig** **jedenfalls**	Der Professor ist ein Vertriebener, hat aber seine Ansprüche nicht aufgegeben, sondern erhofft sich ohne jede Überlegung zur deutschen Schuld die Rückgabe des Familienbesitzes. Er geht zudem von falschen Voraussetzungen aus, denn nicht die Russen, wie er meint, sondern die Polen besitzen jetzt den Boden. Die Polen jedoch sind für ihn bis zum Übersehen bedeutungslos; Gegner bleiben die Russen (110 f.), die indessen zu Un- und Untermenschen erklärt werden, sie „konnte man nicht mal als Knechte gebrauchen" (111). Auch möchte er Kriegsergebnisse rückgängig machen.
114	**Löcher in der** **Decke**	Die Haltung des Professors ist umso bedrückender, als er selbst in einer Umgebung arbeitet, in der noch Kriegsspuren zu finden sind, von denen er weiß.
116	**Kieferwinkel-** **breite**	Sie ist verantwortlich für die Breite eines Gesichts; durch eine Verringerung der K. wird das Gesicht geschmälert. Der Begriff ist heute fast nur noch in der plastischen Chirurgie zu finden.
118	**eine massive** **Steinbrücke**	Die „Alte Brücke", auch Karl-Theodor-Brücke, ist die älteste Brücke Heidelbergs. Vor dem Brückentor, das aus der mittelalterlichen Stadtbefestigung des 13. Jahrhunderts stammt, steht das Denkmal Karl Theodors mit den Flussgöttern. Die Brücke wurde 1786 bis 1788 unter Karl Theodor gebaut. Zuvor stand dort bis 1784 eine überdachte Holzbrücke, die auf Steinpfeilern ruhte. Sie wurde durch Hochwasser und Treibeis, aber auch durch Kriege oft zerstört.
119	**Karl Theodor**	Karl Theodor, Kurfürst von Pfalzbayern (1724–1799), war genusssüchtig, verschwenderisch, bekannt für seine Mätressen und benötigte für sein Luxusleben hohe Steuern. Nachdem er das Vertrauen der Bayern verloren hatte, verlegte er seine Residenz wieder nach Mannheim. Er hatte den Ruf eines Mäzens für Theater (Dalberg, Iffland,

3.5 Sachliche und sprachliche Erläuterungen

		Schiller), Musik und gelehrte Gesellschaften, während das Ansehen der Universität zurückging. Rat und Volk von Heidelberg errichteten dem „Vater der Pfälzer" 1788 das Denkmal. Die Karl Theodor auf dem Denkmal begleitenden Flussgötter stellen die Hauptströme der Wittelsbacher Erblande dar: Rhein, Donau, Neckar und Mosel. Der Text ersetzt „Neckar" durch „Isar" und wird damit einer diskutierten Möglichkeit gerecht.
121	**Schloss, Ruine**	Die Gesamtanlage des Schlosses Heidelberg entstand zwischen 1300 und 1700; sie gibt Einblick in die Geschichte der Baukunst, hat sie doch alle Stilarten von der Gotik bis zur Renaissance aufzuweisen. Das Schloss wurde 1689 und 1693 durch die Franzosen teilweise zerstört. Während der Renovierung vernichtete ein Blitz weitere Gebäude und die Arbeiten wurden eingestellt. – Im Zweiten Weltkrieg blieb die Stadt unversehrt; behauptet wird, bei der Planung der Bombenangriffe habe ein amerikanischer General kein Kreuz über der Stadt gemacht, weil so viele Amerikaner dort studiert hätten.
122	**ein besonders großes Fass**	1751 wurde unter Karl Theodor das „Große Fass" fertig gestellt. Es fasst 221.726 Liter Wein. 42 Stufen führen auf beiden Seiten auf das Podest. An der Stirnseite sind auf einem Wappenschild die Initialen Karl Theodors zu finden. Es gilt als das größte Holzfass der Welt, das jemals für Wein genutzt wurde.
124, 125	**Spiralwirbel, keinen Triradius; Großzehenschleifen, großscheibige Wirbel**	Begriffe aus der Biometrie, die heute wenig gebräuchlich sind, zur Beschreibung der Muster der Fußhaut. Triradien waren Hand- und Fußhautleisten; sie galten in der Rassen- und Erbguttheorie als Rassenkennzeichen.

3.5 Sachliche und sprachliche Erläuterungen

132	**Bibel**	Das *Gleichnis vom verlorenen Sohn* stammt aus der Bibel, aber der Erzähler kennt sie nicht, weil er mit der Bibel wenig im Sinn hat.
140, 174	**Spiegelbild**	Die metaphorische Reihe aus Foto, Spiegel und Spiegelbild erreicht ihren Höhepunkt: Der Erzähler hasst sein Spiegelbild; er ist der Anti-Narziss, der zum Selbsthass gelangt, weil er nichts von dem sein kann, was man von ihm wünscht. Er ist der „Andere". Als er sein „Spiegelbild", den verlorenen Bruder, dann tatsächlich erlebt (174), erschrickt er und setzt seine Abwehrkräfte ein: Es wird ihm schlecht, er ist „verwirrt" – zweimal sagt er das. Der Zustand wird dadurch behoben, dass die Mutter und Herr Rudolph das Spiegelbild negieren, die Suche nach Arnold einstellen und dadurch dem Erzähler zu seiner bisher vorenthaltenen Rolle verhelfen. Der Text bedient mit diesem Vorgang ein berühmtes psychologisches Muster (vgl. S. 108 der Erläuterung).
141	***Land des Lächelns, Zigeunerbaron***	Operetten von Franz Lehár – er betrachtete *Das Land des Lächelns* (1929) als seine beste Operette – und Johann Strauß (1885), der mit dem *Zigeunerbaron* Triumphe feierte. Beide Operetten gehören zu den berühmtesten Stücken auf Spielplänen.
146	**konvex, konkav**	Beschrieben werden Nasenrückenformen, die nach außen oder nach innen gewölbt sind. Auch das erinnert an Bildtafeln im Dritten Reich, auf denen die rassische Zugehörigkeit mit solchen Formen bestimmt wurde.
148	**Oberlippen-kerbung, Hasenscharte**	Bei der Embryonalentwicklung wachsen die Gesichtsanteile aufeinander zu und zusammen. Erfolgt der Zusammenschluss nicht, bleibt eine Spalte stehen, die immer bei der Mittellinie liegt. Betroffen können Lippe, Kiefer, Gaumen und Gaumensegel sein. Damit ist die Lippenspalte (Hasenscharte) die einfachste, die Lippen-Kiefer-Gaumen-Spalte (Wolfsrachen) die schwerste Form der Gesichtsmissbildung.

3.5   Sachliche und sprachliche Erläuterungen

150	Integument-merkmale	lat.: Bedeckung; Hautmerkmale.
153	Hollerith-Lochkarten-untersuchung	Statistische Untersuchung mit einer Zähl- und Addiermaschine, benannt nach dem deutsch-amerikanischen Erfinder Hermann Hollerith (1860–1929). Der Inhalt jeder Karte ist durch punktförmige Löcher gekennzeichnet.
163	Lasten-ausgleich	Das Allgemeine Lastenausgleichsgesetz wurde am 14. 8. 1952 rückwirkend zum 1. 4. 1952 in der Bundesrepublik in Kraft gesetzt. Es sah die Ansprüche besonders betroffener Deutscher durch Krieg (Kriegszerstörungen, Vertreibung), Nachkrieg (Umsiedlung) und anderes vor, die durch einen vernünftigen Ausgleich mit der nicht oder wenig betroffenen Bevölkerung erfüllt wurden. Das Gesetz wurde 1969 neu gefasst. Vorläufer waren 1949 ein Gesetz zur Milderung sozialer Notstände, 1950 das Heimkehrergesetz und im gleichen Jahr das Bundesversorgungsgesetz. Treichels Roman *Menschenflug* beginnt mit dem Antrag „auf Lastenausgleich", mit dem der Einstieg in die Biografie des Vaters des Romanhelden eröffnet wird.
166	volljährig	Mit der Volljährigkeit beginnt die unbeschränkte Geschäftsfähigkeit. Bis 1975 war man in der Bundesrepublik mit 21 Jahren volljährig, seither mit 18. Wendet man das auf den Text an, wäre Arnold (Heinrich) fast 21. Setzt man als Geburtsjahr 1943 an, geschieht der größte Teil der Handlung 1964.

3.5 Sachliche und sprachliche Erläuterungen

168	**Heinrich**	Das Findelkind, das bei seinem Verschwinden namenlos wurde, erhält nach der Adoption diesen Namen. Es ist wieder ein germanischer Name, bedeutet „der Fürst des Hauses" oder „der durch Umzäunung Mächtige", war der Name deutscher Könige und Kaiser, aber auch der Vorname des SS-Verbrechers Heinrich Himmler. Dass Arnold, „der Wichtigtuer", nun Heinrich heißt und Fleischer lernt, lässt den Erzähler „grinsen": „Ausgerechnet Heinrich und ausgerechnet Fleischer." Der Erzähler reflektiert die nach dem Krieg durchaus problematische Namengebung, die ihm in Verbindung mit dem Beruf symptomatisch erscheint.

3.6 Stil und Sprache

3.6 Stil und Sprache

→ Beherrschend ist das Sprach- und Gestaltungsvermögen des sprachlich-stilistisch unerfahrenen jugendlichen Erzählers, das keine literarisierenden Mittel kennt. Dadurch wird aber gerade die Stupidität der rassentheoretisch orientierten Gutachten deutlich.

→ Wiederholungen dienen dem Erzähler zur Bewältigung seines Gefühls der Bedeutungslosigkeit.

→ Leitbegriffe (Schreckliches, Schuld, Scham) und Leitmotive (Foto, Spiegel und Spiegelbild) organisieren den Text ebenso wie Redundanzen und Wortfelder.

→ Ironie aus Unverständnis schlägt in Bedrohungen um. Aus Ironie wird Groteske und Erinnerung an brutale, pervertierte Wirklichkeit.

Der jugendliche Erzähler

Lakonischer Stil

Der Text wird größtenteils durch das sprachliche Vermögen des jugendlichen Erzählers bestimmt, der über keine ausgeprägten sprachgestaltenden Kenntnisse oder gar literarische Interessen verfügt. Das führt zu einem unauffälligen, schlichten und anspruchslosen Stil, der sich als lakonisch bezeichnen lässt. Stereotype unterstützen das: Aussagen anderer und Gesprächsabläufe werden begleitet von „sagte sie" oder „sagte er". Allein in der Eröffnung wird viermal „sagte" und einmal die Variante „ausspräch" verwendet (7). Nur dort, wo andere sich von dieser Stilebene abheben, übernimmt der Erzähler deren Formulierungen (54, 60, 71, 109 ff.), die er jedoch oft nicht versteht und wodurch er unfreiwillig komisch oder altklug wirkt, zumal er mehrfach die eigene Unfähigkeit mit-

3.6   Stil und Sprache

teil: Als Vater und Mutter berichten,wie sich die Russen auf junge
Frauen „gestürzt hätten", gibt der Erzähler treulich die Mitteilungen weiter, fügt aber an, dass er sich nicht „im Klaren war, was es im
Einzelnen zu bedeuten hatte, wenn die Russen sich auf jemanden
stürzten" (54). Doch führt die Einfachheit seiner Sprache zu über-
raschender, scheinbar zufälliger Literarisierung: Der Erzähler gibt
die vergleichenden Untersuchungen im *Gerichtsanthropologischen
Laboratorium* (vgl. 88 ff., 111 ff.) der Universität Heidelberg und
das *Anthropologisch-erbbiologische Abstammungsgutachten* proto-
kollartig in den originalen stupiden Abläufen und Formulierungen
wieder (vgl. 143 ff.) und verzichtet auf Zusammenfassungen, Kom-
mentierungen, Auslassungen usw. Dadurch wird nicht nur die Lang-
atmigkeit dieser Gutachten deutlich, sondern auch ein Eindruck ihrer Sinnlosigkeit, ja Gefährlichkeit vermittelt, denn die Grundlagen
dieser Untersuchungen stammen noch aus der nationalsozialistischen Rassen- und Erbtheorie.

> Unfreiwillige
> Komik

Zahlreiche Passagen des Textes sind voller Wiederholungen und
damit scheinbar Ausdruck der sprachlich-stilistischen Unfertigkeit
des Erzählers. Aber sie bilden Assoziationsketten und verschaffen
dem Text über Strecken einen heiter-ironischen Charakter, merkt
der Leser doch den störenden und verstörenden Druck, der mehrfach auf den Erzähler ausgeübt wird. Er versucht diesen Druck
sprachlich zu bewältigen, indem er sich vollständig auf sein sprach-
liches Vermögen konzentriert:

> Wiederholungen
> als Kennzeich-
> nung des Er-
> zählers

„Das Anthropologische Institut, welches das Gutachten erstellte,
hatte eigens darauf hingewiesen, dass die Ohren gut erkennbar
sein müssten und dass eine Ohrhinteransicht äußerst hilfreich
wäre. Um dem Institut eine Ohrhinteransicht zukommen zu lassen, musste eine Hinterkopfaufnahme gemacht werden, eine für

3.6 Stil und Sprache

den Photographen besondere Herausforderung, der er sich in meinem Fall zum ersten Mal stellen musste." (66)

Wiederholungen als spezifisches sprachliches Mittel

Wenig stilistische Varianten

Bereits die Eröffnungssätze (vgl. 7) arbeiten mit Wiederholungen: Krieg – Kriegsjahr, zuhaus – zuhaus, Osten – Osten, sagte – sprach; zuhaus – Osten ist zusätzlich redundant. Wie ein Versatzstück wird „sagte die Mutter" bewegt; stilistische Variationen zu „sagte" finden sich bei ihr und auch bei allen anderen Personen selten. Es ist dem Sprachvermögen des jugendlichen Erzählers geschuldet, dass kaum stilistische Varianten eingesetzt werden. Besonders auffällig wird das „Schreckliche" in indirekter und direkter Rede mitgeteilt und wiederholt (vgl. 16). Später gibt es immer dann Wiederholungen, wenn der Erzähler eine Beschränkung oder Ungerechtigkeit brandmarken will, so das Verbot des Fernsehens (vgl. 26): In drei Sätzen steht viermal „eingeschaltet", kontrastiert mit dem Wort „mitzuteilen", das die nächsten Sätze bestimmt und „eingeschaltet" verhindert. Will der Erzähler eine Erregung oder Unlust abreagieren, wiederholt er ebenfalls sprachliche Versatzstücke: Als die Mutter den Erzähler „an ihren Bauch drückte" (73), er das aber nicht will, reagiert er sich mit Variationen von „drücken" ab (73 ff.).

Weitschweifige Ostdeutsche?

Die vom Erzähler verwendeten Wiederholungen bezeichnet Treichel neben anderen Besonderheiten als besondere sprachliche Eigenschaft der Menschen „aus dem Osten und von gestern. (…) Die Flüchtlinge und Vertriebenen wiederholten sich ständig."[59] Das wirkt sich auch als Redundanz (Weitschweifigkeit) aus, die ebenfalls auf die Herkunft des Erzählers hinweisen. Er stammt von Menschen aus dem Osten (Ostpreußen) ab. Hans-Ulrich Treichel beschrieb auch als Charakteristikum der ostpreußischen, schlesischen

---

[59] Treichel, *Der Entwurf des Autors*, S. 26.

3.6 Stil und Sprache

und pommerschen Bekannten seiner Eltern: „Es waren Menschen, die um des Sprechens willen miteinander sprachen"[60]. Auffällige Beispiele sind die Beschreibungen eines „besonders schöne(n) Schweinekopf(es)" (39) und des Fotos vom Hinterkopf (vgl. 66): Der Erzähler, von dem es keine gelungenen Fotos gibt, muss zum Zweck des Vergleichs mit dem Findelkind Fotos machen lassen. Von besonderem Wert ist wiederum eine, auf der er nicht richtig zu sehen ist: Es musste – um sie nochmals zu erwähnen – „eine Hinterkopfaufnahme gemacht werden" (66 f.), obwohl man den Hinterkopf sonst nicht herausragend wahrnimmt. Der Begriff „Hinterkopf" wird auf der folgenden Seite sechsmal wiederholt, um ihm Bedeutung zu verschaffen, und geht dann in eine skurril-ironische Beschreibung über die Länge der Haare über, wodurch sich der Druck auflöst: „Die Hinterkopfaufnahmen gehören gewiss zu den sorgfältigsten Fotografien, die jemals von mir gemacht worden sind." (68) Auch später reagiert der Erzähler sensibel auf jede Berührung des Hinterkopfes (vgl. 161). Um die problematischen historischen Hintergründe solcher Untersuchungen anzudeuten, wie sie der Ich-Erzähler im *Verlorenen* über sich ergehen lassen muss, folgt ein Zitat aus einem Fachbuch aus nationalsozialistischer Zeit:

„Es gibt Gesichter, die durch eine solche Beleuchtung entstellt werden, weil das harte Licht ihre wesentlichen Linien unterdrückt und die unwesentlichen hervorhebt. Anders hier: die harte Beleuchtung betont die scharfkantige Schmalflächigkeit, die deutlich zum Wesen dieses Antlitzes gehört und die besondere Weise seiner Ausdrucksfähigkeit bestimmt. Die Linien, die den Umriss dieser schmalen, scharf abgesetzten Flächen bestimmen,

Die Hinterkopfaufnahme

---
60 Ebd.

3.6   Stil und Sprache

> scheinen alle aus einem Punkte, der im Nacken liegt (...), her-
> vorgeschleudert zu sein und in sich einen Drang zu bergen, der
> über die von ihnen begrenzte Gestalt hinausgreift."

Daraus wird für den Typ abgeleitet:

> „Leistungsmensch, nordische Rasse. Scharfkantig-schmal-
> flächiges Antlitz. Im Seitenumriss ausholende Hinterhauptslinie,
> vorstoßende Linien des Gesichtes. Haltung eines Menschen,
> der immer bereit ist zum gestaltenden Vorstoß in die Welt."[61]

Schöne
Unordnung

Ein zweites Beispiel für Wiederholungen und Ironie: Die Arroganz des deutschen Professors lässt es nicht zu, dass Deutsche und Polen im gleichen ostpreußischen Dorf Rakowiec, das gemeinsam mit den Begriffen Russen und Polen mehrfach wiederholt wird (vgl. 109 ff.), lebten und arbeiteten. Deshalb teilt er den Polen Rakowiec II zu und spricht damit auch der Familie des Erzählers, die ebenfalls dort wohnt, ihr Deutschtum ab, denn Deutsche wohnten in Rakowiec I (vgl. 110). Der Erzähler folgt dem Vater, der zu den Polen in „Rakowiec II" nur begrifflich „eine schöne Unordnung" (110) beisteuern kann und will. Als schließlich der sozialökonomische Unterschied zwischen den reichen Deutschen und den armen Polen durchschimmert, erklärt ihn der Erzähler unter Verwendung der väterlichen Formulierung: „Und alles wegen der Unordnung" (110).

---

61   Ludwig Ferdinand Clauß: *Rasse und Seele. Eine Einführung in den Sinn der leiblichen Gestalt.*
    Berlin: Büchergilde Gutenberg (1933) 1935, S. 13 und 15.

3.6 Stil und Sprache

Pseudowissenschaftliche Begriffe, Leitbegriffe und -motive, Bericht

Schwierig ist für den Erzähler die Übertragung der pseudowissenschaftlich-bürokratischen Ergebnisse in den Gutachten in seinen Bericht (59 ff.); das führt zu teils fast absurden Schlussfolgerungen: „Das eheliche Kind der Antragsteller war ich. Und ich war, wenn man dem Untersuchungsergebnis folgte, genauso wenig wahrscheinlich das Kind meiner Eltern wie Arnold." (60) – Eintönigkeit stellt sich auch ein, wenn der Erzähler vom prägenden Schlüsselerlebnis des Berichtes stets als dem „Schrecklichen", ein Leitbegriff des Textes, spricht, das zuerst nicht eingetreten sei, dann aber doch geschehen sein soll. Da es keine Konkretisierung gibt, weiß der Erzähler nicht, wovon er eigentlich spricht. Ähnlich verhält es sich bei „Schuld und Scham", die Leitbegriffe ergänzen den ersten Leitbegriff. Begrifflich konkretisiert werden die drei Begriffe nicht; sie bleiben unerklärt und entziehen sich eigentlich dem Erzählen – es herrschte ein „Gefühl von Schuld und Scham in der Familie, ohne dass ich wusste, warum." (17) –, werden aber dennoch vom Erzähler verwendet.

Trotz der unauffälligen sprachlich-stilistischen Gesamtanlage fallen sprachliche Besonderheiten auf. Der Text wird durch sich abwechselnde bzw. wiederkehrende Leitmotive organisiert (Foto, Spiegel bzw. Spiegelbild, Automarken), und obwohl der Sprachduktus scheinbar gleich bleibt, auch die Art des Erzählens, wird das Vokabular dem jeweiligen äußeren Vorgang angepasst. Entsprechende Wortfelder werden gebildet: Wenn es um den Konkurrenzkampf des Vaters geht, wird die Sprache mit zugehörigen semantischen Begriffen ausgerüstet: Konkurrenten, disponieren, Preisschwankungen usw. (vgl. 79 ff.). Geht es um erbbiologische Untersuchungen, wimmelt der Text von entsprechenden Begriffen (vgl. 60 ff., 111 ff., 116 ff., 143 ff.), die sich jedoch teilweise als wenig

Absurde Schlussfolgerungen

Wiederkehrende Leitmotive

3.6 Stil und Sprache

bedeutungsvoll erweisen und die Problematik der Untersuchung kennzeichnen.

Von Ironie zu Bedrohlichkeit

Die Alltäglichkeit wird in Handlungsführung und Sprache umgesetzt. Allerdings gibt es immer wieder schreckhafte und erschreckende Vorgänge, so wenn die Mutter das Geld für den Opel Admiral verbrennt (vgl. 81 f.) – eine „Untat" – oder der Vater zwei verschiedene Füße hat, wobei der linke einen „krallenartigen Eindruck" (89) hinterlässt. Ironie schlägt in Bedrohlichkeit um, der humorvolle Ton wird bitter, das Erlebte erscheint gefährlich. Die Katastrophen sind zwar durchgestanden, aber nicht überstanden. Neue Katastrophen bereiten sich vor. Der auf die einzelne Situation gemünzte letzte Satz der Mutter gilt für den gesamten Vorgang einschließlich seiner historischen Dimension: Die Mutter, „die von alldem nichts bemerkt zu haben schien", sagt: „‚Mach das Fenster zu. Wir fahren.'" (175) Das „alldem" ist vielschichtig: Es meint die konkrete Situation des Zusammentreffens mit dem Findelkind, aber auch die Gesamtsituation des Erzählten und lässt sich damit auf die deutsche Vergangenheit und ihre Präsenz in der Gegenwart gleichermaßen beziehen.

Wortfelder

Wortfeld „Tod"

Treichels Texte werden von Wortfeldern organisiert. Das Wort „Tod" bekommt besondere Bedeutung (vgl. 132 f.), im *Verlorenen* ebenso wie etwa im Roman *Tristanakkord* („Wenn überhaupt, dann kann man vielleicht in der Linguistik aus dem Tod noch was herausholen (…).“[62]). Der *Verlorene* wird wesentlich vom Wortfeld „Tod" organisiert, der Erzähler schafft sich damit das größte Wortfeld. Er gerät dabei mehrfach in die Nähe bekannter und im vorliegenden Kontext auch durchaus denkbarer Sätze oder Verse wie „Der Tod ist

---

62 Treichel, *Tristanakkord*, S. 41.

3.6 Stil und Sprache

ein Meister aus Deutschland." (Paul Celan, *Todesfuge*), benutzt sie aber nie vollständig, da er sie nicht kennt, und bleibt in nichtssagenden Beschreibungen der Alltäglichkeit stecken: Leichenwagen, Leichenhemd, Krematorium, Öfen u. a. Sie schaffen für den Leser jedoch Assoziationen zur Vergangenheit („Verbrennungsöfen", 106) bis hin zur makaber-skurrilen Verbrennung, die „sauber, perfekt und hygienisch" (106) verlaufe. Die Situation schlägt für den wissenden Leser in Erinnerung an die nationalsozialistischen Massenvernichtungen und in die Warnung vor faschistischem Ideengut und nationalsozialistischem Auferstehen um; für den Erinnerungslosen und Geschichtsfeind, der vergessen hat, ist die Situation allenfalls skurril, aber nicht Warnung. Das Wortfeld berührt Privates, den Tod des Vaters, und Geografisches, das Tote Meer (vgl. 132).

> Assoziationen zur NS-Vergangenheit

Die Entstehung des Wortfelds „Tod" wird vom Erzähler beschrieben: Der Erzähler sucht zuerst in der Bibel nach dem Wort „Tod", „eine endlose Liste von Stellen verwies auf den Tod" (132). In der Beschäftigung mit dem Tod und dem Toten verändert sich der Alltag, er wird von „schwarz" bestimmt, und selbst der „frisch polierte Admiral" wird „nun ein böser grinsender Totenwagen" (137). Wiederum erreicht die Alltäglichkeit die Grenze zum Mythos („Totenwagen" als Begleitfahrzeug der Toten, z. B. in der Hallstadtkultur in der Eisenzeit).

Ein Wortfeld bildet auch das „Schreckliche", das nicht eindeutig bestimmt wird, begleitet von „Schuld und Scham". Das „Schreckliche" bekommt besonders durch das Verb „zustoßen" und nicht „das sie getan hatte" eine mehrfache Bedeutung:

> Wortfeld „das Schreckliche"

1. Die Mutter übergibt auf der Flucht den sechzehn Monate alten Sohn einer fremden Frau, um ihn zu retten, stellt aber später fest, dass sie möglicherweise voreilig gehandelt und dadurch ihr Kind verloren hat. Sie hat „Schreckliches" getan.

3.6   Stil und Sprache

2. Das „Schreckliche" ist eine Vergewaltigung, von der sie sich nicht mehr lösen kann und die sie als Scham empfindet. Aus dieser Vergewaltigung ist möglicherweise der Erzähler hervorgegangen.

3. Eine dritte Variante wäre möglich, trifft jedoch auf die Eltern nicht zu: Schreckliches, aus dem „Schuld und Scham" in gesellschaftlicher Dimension entstehen können, bedeutete auch die historische Schuld der Deutschen. Diese Einsicht fehlt aber dem Elternpaar.

Sprachlicher Witz und Ironie

Naivität und Unbefangenheit

Ein besonderes Kennzeichen des Textes ist der sprachliche Witz, der aus der Naivität und Unbefangenheit des Erzählers entsteht, der Tragik und Satire noch nicht zu trennen weiß, und unabsichtlich abgründig wird, zumal im Alter des Erzählers sich Naivität und Grausamkeit noch überlagern: Das Wohlstandssymbol *Opel Admiral* erscheint als „böse grinsender Totenwagen" (137), die Füße des Vaters sind unterschiedlich, der linke Fuß erscheint mit den „fast krallenartigen Zehen" (89) tierhaft. Der Fahrer eines Leichenwagens isst wegen der Qualität des Essens in der Kantine der Oberfinanzdirektion (vgl. 98) und schädigt so mit seinem regelmäßig präsenten Leichenwagen „den Ruf der Oberfinanzdirektion" (101). In einem „neuen Krematorium sei die Leistungsfähigkeit der Öfen" (106) besonders hoch, ohne sie „stehe und falle alles" (106): Das erscheint in zeitlicher Nähe zu den Krematorien der Vernichtungslager der Nazis beklemmend und mehr als makaber.

Sprachlicher Witz

Von besonderer Intensität sind Satire und Witz, gesteigert zur Groteske, in den wissenschaftlichen Vergleichsuntersuchungen, die nichts von der Pseudowissenschaftlichkeit, mit der sie im Nationalsozialismus für die Durchsetzung der Rassentheorie verwendet wurden, verloren haben.

3.6 Stil und Sprache

Witz gehört fast immer zum ironischen Charakter eines Vorgangs. Es werden verschiedene Formen des Witzes eingesetzt, ohne dass irgendwann Witze im populären Verständnis erzählt würden. Es gibt phraseologische Anspielungen auf Zitate, Losungen oder Schlagworte. Wenn Treichels Erzähler seinen Vater zitiert, nach dem ihm „nichts so sehr wie eine anständige Portion Hirn" (42) fehle, so bezieht sich das zunächst auf die Teilnahme am alljährlichen Schweinehirnessen, meint aber auch die vom Vater dem Sohn attestierte Dummheit, wobei nicht vergessen werden darf, dass der Erzähler möglicherweise gar nicht der leibliche Sohn des Kaufmannes ist. Zum anderen verwendete der Autor eine komisch-groteske Hyperbolik (Übertreibung): Der Vater sieht das „Idealmaß" des Haarschnitts darin, den „Kopf rundherum bis auf die Haut freilegen zu lassen" (68). Auch entstehen komische Wirkungen, wenn der traditionelle Inhalt eines Wortes in sein Gegenteil verkehrt wird: Ein Foto wird gemeinhin dazu angefertigt, um das Gesicht eines Menschen abzubilden (Passfoto). Treichels Erzähler bekommt eine seiner „sorgfältigsten Photographien" (68) als „Hinterkopfaufnahme". Schließlich seien noch die parodieähnlichen phraseologischen Anspielungen erwähnt, die vor allem dann entstehen, wenn der Erzähler die medizinischen Begriffe und die Vorgänge des „anthropologisch-erbbiologischen Abstammungsgutachtens" (83) in seinen Bericht einmontiert und sie ad absurdum führt. Indem sich die Laborantin die Arbeit erleichtert, weil sie den platten und nicht den „weniger platten Fuß des Vaters als Vorlage" für den Abdruck (112) wählt, kann der Erzähler schlussfolgern: Das bedeute, „dass Findelkinder mit platten Füßen eine insgesamt größere Chance haben, als blutsverwandte Kinder identifiziert zu werden" (112).

Die genannten Elemente verbinden sich zu einer besonderen Ironie, die den Erzähler auszeichnet. Sie ist ihm nicht wesenseigen, sondern Folge seiner naiven Widerspiegelung der Wirklichkeit. Iro-

„Eine anständige Portion Hirn"

Porträt des Hinterkopfes

Unfreiwillige Ironie

3.6 Stil und Sprache

nie entsteht dadurch, dass der Erzähler Wortmaterial vorgibt, dass sich für Leser, die über das Vergleichsmaterial verfügen, zu einer Erwartungshaltung verdichtet, die nicht eingehalten wird, wodurch der Leser enttäuscht, provoziert oder erheitert wird.

Beklemmende Groteske

Der erste Satz beschreibt eine Szene zwischen Idylle und Kitsch. Noch ehe der Leser sich festlegt, wird die Situation konterkariert durch die Begriffe „Krieg" und „Kriegsjahr". Die entstehende Verwirrung wird aufgehoben, indem sich die Idylle als Beschreibung eines Fotos und nicht als reale Wirklichkeit herausstellt. – Die gering entwickelte Fähigkeit des Erzählers zu wertender Reflexion führt zu vom Erzähler nicht beabsichtigten Enthüllungen: Er beschreibt den Aufstieg des Vaters vom Betreiber einer Leihbücherei über den Betreiber eines Lebensmittelgeschäfts zum Fleisch- und Wurstgroßhändler (vgl. 32) als eine summierende Reihe. In ihr wird die Ablösung von Geist durch zunehmenden materiellen Wohlstand, wie er sich mit dem Wirtschaftswunder verband, beschrieben. Das erscheint ironisch, vom Erzähler nicht, wohl aber vom Autor beabsichtigt. Dass es sich um einen Fleischgroßhändler handelt, nicht wie in der Wirklichkeit um einen Tabakwarenhändler, gehört zur symbolischen Überhöhung, bedeutete doch Schlachten auch Töten und ist Teil der Ängste des Erzählers, dessen Fantasie durch dieses Thema angestachelt wurde. Dabei steigert sich die Ironie zur Groteske, z. B. im Bericht über die erbbiologischen Untersuchungen, wobei die Realität direkt zur Groteske wird, da die verwendeten Begriffe und Formulierungen authentisch sind und Gutachten entstammen, die Treichel unter den Dokumenten über die Suche nach seinem Bruder fand.[63] Die erste Phase, der Vergleich der Geschwister – der Erzähler und der Verlorene – unter erbbiologischen Voraussetzungen, wirkt noch komisch, und diese

---

63 Krätzer, *Kommentar*, S. 155.

3.6 Stil und Sprache

Komik wird sprachlich umgesetzt – da werden eine „Ohrhinteransicht" und eine „Hinterkopfaufnahme" (66) benötigt. Dagegen wird die zweite Phase makaber. Zwar scheint es sich auf den ersten Blick um eine Wissenschaftsgroteske zu handeln, und die zentrale Figur wirkt bereits in Titel- und Namensgebung komisch – Dr. phil. et med. Freiherr von Liebstedt, Professor für Anthropologie und Erbbiologie (vgl. 83). Doch wird deutlich, dass die Komik dem Arsenal der pseudowissenschaftlichen Rassen- und Erbguttheorie entspringt und keine Komik, sondern fortgesetzte NS-Ideologie ist. Er äußert sich im Gedankengebäude des Professors durch Hass auf die Russen, in denen er das Bild des nationalsozialistischen Untermenschen reproduziert, denn die Russen „konnte man nicht mal als Knechte gebrauchen" (111). Die Groteske verbindet sich mit der Darstellung des Beklemmenden und Bösen, das Komische wird zur pervers-makabren Brutalität, die Ironie erinnert an eine vernichtende Wirklichkeit.

3.7 Interpretationsansätze

3.7 Interpretationsansätze

→ Eine alltägliche Geschichte einer Familie nach 1945 wird durch den Verlust eines Sohnes zur Geschichte der deutschen Niederlage im Zweiten Weltkrieg.

→ Die Familie versucht, Schuld und Scham zu bewältigen, bleibt aber in der Vergangenheit befangen. „Schuld und Scham" sind mehrfach und unterschiedlich interpretierbar.

→ Der historisch ahnungslose Erzähler bietet ein Panorama möglicher Schuld- und Schamgefühle.

→ Er muss erleben, dass seine Individualität fast ausgelöscht wird. Aus der privaten Familiengeschichte wird so eine repräsentative nationale Geschichte.

→ Der Erzähler versucht, allerdings mit ungenügenden Mitteln, sich zu erkennen und zu finden.

→ Treichels Text erreicht so die Grenzen des Geheimnisvollen und bekommt mythische Züge.

Eine alltägliche Geschichte

Eine „normale" Familie nach 1945

Treichels *Verlorener* ist eine alltägliche Geschichte vom Handel und Großhandel, vom Schlachten und der Fleischerei, von Fernsehen, Essensplänen und Automarken. Eingefügt in diese alltägliche Geschichte ist die des „Verlorenen", stellvertretend für die zahllosen Vermissten im Zweiten Weltkrieg, eine Geschichte der deutschen Niederlage, der Flucht und Vertreibung und des Sieges über Faschismus / Nationalsozialismus sowie des Versuchs, NS-Verbrechen und Niederlage zu verdrängen, indem mit Ignoranz dem Vergessen gehuldigt wird. Das ist das durchaus verbrei-

Vergessen und Verdrängen

3.7 Interpretationsansätze

tete Lebensprinzip einer deutschen Familie vom Kriegsende bis in
die Mitte der sechziger Jahre, die unter Flucht und Besitzverlust
zwar gelitten hat, sich aber in der Nachkriegszeit lediglich selbst
als Opfer sieht. Dabei ist die Familie im *Verlorenen*, wiederum auf
den ersten Blick, unauffällig durchschnittlich und wirkt besonders
deutsch: diszipliniert und strebsam, „Barzahlung war Ehrensache"
(81). Sie ist mit dieser Ausprägung typisch für die einflussreiche
Sozialisierung der Kinder sowie die Repräsentation der zugehörigen Gesellschaft. Diese Familie kommt aus dem „Osten", das bedeutet hier Ostpreußen. Der zweite Blick lässt in der Familie ein
Geheimnis vermuten. Der jüngere Sohn der Familie ahnt und spürt
es, versucht, es zu erfahren und endlich zu verdrängen, denn es
ist auch sein Geheimnis. Es gehört zur deutschen Vergangenheit
von Nationalsozialismus und Drittem Reich, die von der Familie
verdrängt wird und die deshalb, weil dieser Umgang mit der Vergangenheit in der Nachkriegszeit seinerzeit weit verbreitet war, als
Gefahr präsent geblieben ist. Die Familie in Treichels Text erfasst ihre Schuld an der deutschen Vergangenheit nicht, sieht sich nicht als
Teil der Täter, sondern nur als Opfer. Statt sich mit der Geschichte
detailliert und konzentriert zu beschäftigen, flüchtet die Familie in
einen unhistorischen Mythos, der einzelne Elemente eines triviali-
sierten Ödipus-Mythos bekommt, sonst aber von einer nicht beein-
flussbaren Arbeitswut lebt: Die Eltern, Vertriebene aus Ostpreußen,
sind im Wirtschaftswunder Aufsteiger. Sie sehen ihren jüngeren
Sohn, nach dem Krieg geboren, im Schatten des verlorenen älteren Sohnes und wollen ihn nicht als Individuum wahrnehmen; die
ergebnislose Suche nach dem Erstgeborenen ist Anlass für den Tod
des Vaters (Herzinfarkt als Folge einer „überflüssigen Fahrt" nach
Heidelberg, 126).

Zeittypische
Sozialisierung

3.7 Interpretationsansätze

Die Leitbegriffe „Schuld" und „Scham"

Schlüsselwörter
Die Schlüsselwörter des Textes sind „Schuld und Scham" (erstmals 17). Sie scheinen den Vorgang, der alles Weitere auslöst, zu betreffen:

→ Nachdem die Mutter in größter Angst um ihr Leben – sie meint, die Russen würden sie erschießen – und das Leben ihres Sohnes Arnold diesen einer wildfremden Frau in die Arme gelegt hat, sieht sie später darin eine Schuld, indem sie diese Handlung als voreilig empfindet, weil sie von den Russen nicht erschossen worden ist. Dieses Schuldgefühl verbindet sich mit Scham. Das ließe sich als Schuld verstehen und würde auch Scham auslösen, obwohl sie natürlich im Interesse des Lebens des Kindes richtig gehandelt hat.

→ Diese Erklärung von Schuld und Scham ist schnell hinfällig: Der Erzähler sieht beides an seine Person geknüpft; er sei „von Anfang an in einer von Schuld und Scham vergifteten Atmosphäre aufgewachsen" (17) und erklärt sich das mit dem verlorenen Bruder, der „verantwortlich dafür war" (17). Das klingt nicht nach einer einfachen vernünftigen Erklärung, sondern vielmehr nach einer unaussprechlichen individuellen Belastung, die sich zudem mit der Person des Erzählers zu verbinden scheint. Es hat mit dem „Schrecklichen" (14, 16), das bei der Begegnung mit den Russen geschehen sein soll, zu tun.

→ Es ließe sich darüber nachdenken, ob Schuld und Scham historisch zu verstehen sind und die Eltern als Deutsche eine Schuld gegenüber den überfallenen Völkern und den Opfern des Nationalsozialismus empfinden, von dem sie offenbar profitiert haben. Das würde ebenfalls zur Scham führen, ein Gefühl, das auch noch lange nach dem Kriegsende vorhanden sein könnte. Mit der Fügung „Schuld und Scham" könnte auf stilistisch hoher Ebene auf die deutsche Verantwortung für die

3.7   Interpretationsansätze

Verbrechen des Nationalsozialismus angespielt werden. In dieser Abstraktheit wird Schuld aber nicht fassbar und erkennbar. Auch am Ende des Erzählens weiß der Leser kaum mehr über die deutsche Vergangenheit, sieht sich aber mit der Verwirrung des Erzählers konfrontiert und auf die Suche nach eigenen Erklärungen geschickt. Bei den Eltern ist von historischer Schuld keine Rede, vielmehr fühlen sie sich auch historisch im Recht und als Opfer, nicht als Täter. Das Schuld- und Schamgefühl über den verlorenen Sohn ersetzt das historische Schuldgefühl.

→ Das Geheimnis um Schuld und Scham bekommt einen besonderen Akzent, als diese Gefühle während intimer Szenen im Fernsehen zwischen Mutter und Erzähler eintreten (vgl. 31). Sie haben etwas mit Gefühlen zu tun. Daraus folgt eine andere Erklärung für Schuld und Scham der Eltern: Zwar wurde der Sohn gerettet, indem er „verloren" wurde, das zunächst drohende Schreckliche – der Tod durch Erschießen – trat jedoch nicht ein. Aber „Schreckliches" (14) trat dennoch ein, zugefügt „von den Russen" (16); „auch der Vater (habe) nicht (…) helfen können" (14). Obwohl nichts Genaues über diesen Vorfall mitgeteilt wird, ist anzunehmen: Die Mutter wurde vergewaltigt, der Vater konnte nicht helfen (Schuld) (vgl. *Menschenflug*, S. 30), und die Mutter versteckte den Vorfall später hinter Scham. Dass der Erzähler in diese Gefühle einbezogen wird, deutet darauf hin, dass er die Folge dieser Vergewaltigung sein könnte, ein „Russenkind" (151).

Schuld und Scham

„Russen" und „Russisches" faszinieren den Erzähler auffallend. Das steigert sich während russischer Radiosendungen so weit, dass der Erzähler meint, „dass die Worte des Russen irgendetwas mit mir und meiner Familie zu tun hatten" (25). Es gibt zwei Erklärungen der besonderen Empfindlichkeit des Erzählers für Russisches: Ent-

Die Schuld des Vaters, die Scham der Mutter

3.7 Interpretationsansätze

weder ist es die genetisch-mentale Abstammung von einem Russen, die den freundlichen Tenor des Erzählers gegenüber Russischem erklären würde, oder es ist das Trauma der Eltern, dass die Russen sie in Leid gestürzt haben, das sich auch auf den Sohn auswirkt („Ohne den Russen wäre ich höchstwahrscheinlich ein glückliches Kind gewesen."[64]), aber nicht die Neigung zu Russischem erklären würde. Das Versagen als schützender Ehemann wurde zur Schuld des Vaters, der erzwungene intime Kontakt der Mutter zu Russen löste Scham aus, die beide von nun an als Belastung mit sich trugen. Zur Ablenkung gegenüber der Öffentlichkeit wurde beides auf den verlorenen Bruder projiziert, da sie aus besagten Gründen „nicht besonders gewillt" (109) sind, über ihre Erfahrung mit den Russen zu sprechen.

Die Individualisierung der historischen Schuld

Schlüsseldatum
20. Januar 1945

Der Erzähler weiß um seinen verlorenen Bruder, und er ahnt seine eigene Geschichte und spricht andeutungsweise davon. Die Schicksale der Brüder sind Beispiele der deutschen Geschichte während des Zusammenbruchs des Dritten Reichs; sie beginnen am 20. Januar 1945 während der Flucht aus dem von der Sowjetunion eroberten Ostpreußen und dem eingeschlossenen Raum Königsberg. Arnold, der Erstgeborene, geht verloren und wird später von den Eltern gesucht; der Erzähler wird – vermutlich – gezeugt und von den Eltern aber im Familienleben bis zur Auslöschung seiner Persönlichkeit verdrängt. Der Erzähler weiß nichts von der Vergangenheit der Eltern, damit auch nichts vom Faschismus, vom Zweiten Weltkrieg und von den deutschen Verbrechen. Er kennt nur seine Stellung in der Familie: Sie ist immer zweitrangig, klein und möglichst unscharf; von ihm gibt es nur Teilfotos, verschattete Aufnahmen oder

---

64 Hans-Ulrich Treichel: *Der Lastenausgleich*. In: Frankfurter Rundschau vom 25. Januar 2001.

3.7 Interpretationsansätze

Aufnahmen, auf denen er „so gut wie überhaupt nicht zu sehen" (9) ist. Es entsteht der Eindruck, als wollten die Eltern ihren Zweitgeborenen gar nicht dokumentieren und ihn lieber unbekannt bleiben lassen. Frühzeitig hat der Erzähler das Gefühl, sein Leben werde von einem Geheimnis bestimmt. Als die Mutter mit ihm eine „Aussprache" führt, befürchtet er, „dass es hierbei vielleicht um mich gehen könnte" (12). Mit der Verdrängung findet er sich nicht ab, zumal er „vom Tag meiner Geburt an (...) ein Gefühl von Schuld und Scham in der Familie" kennenlernt (17), ein biografisch unmöglicher Vorgang, deshalb umso bemerkenswerter als beherrschendes Gefühl des Erzählers.

Ohne detaillierte Verbrechensbeschreibungen, ohne schwer fassbare Zahlen oder Dokumentationen unbegreiflicher Barbarei, geradezu unauffällig wird in Treichels Text an die deutsche Schuld in der Vergangenheit, an die von Deutschen in die Welt getragene Vernichtung erinnert, die zu Hass und Rache führte. Die Beschreibung davon vollzieht sich im Text als Suberzählung und ohne geschlossene Handlung, mehr geahnt als beschrieben. Sie organisiert sich über eine Wörterreihung von Krieg, Osten, Flucht vor dem Russen, Schreckliches, Treck, Schuld und Scham. Nur selten ist die nach wie vor vorhandene Aktualität des nationalsozialistischen Denkens erkennbar. Am deutlichsten geschieht dies bei dem Arzt und Freiherrn Prof. Dr. von Liebstedt, der die Ergebnisse des Krieges, also auch die deutsche Niederlage, für „vorläufig" hält (109), der mit den Methoden der faschistischen Rassen- und Erbguttheorie die Verwandtschaft zwischen Erzähler und Verlorenen festzustellen versucht, der Kriegsschäden beiläufig abtut („aber das tut nichts zur Sache", 114) und der nach wie vor andere Völker wie Polen und Russen für minderwertig hält (vgl. 109).

Unauffällige Erinnerung an NS-Verbrechen

3.7 Interpretationsansätze

Schädelmessung an einem Kind in den 1930er Jahren
© ullstein bild – ullstein bild

3.7   Interpretationsansätze

Die belastete individuelle Biografie

Schließlich ließe sich das Erzählte als Versuch des Erzählers lesen, sich selbst zu begreifen und von familiären Einschränkungen und Verhüllungen zu befreien, indem er erkennt und anerkennt, eine Folge der Vergewaltigung zu sein, woraus sich auch seine Neigung zum Russischen erklären ließe. Als er im Radio auf russische Worte stößt, ist er fasziniert und spürt, dass die Worte etwas mit ihm und seiner Familie zu tun haben könnten (vgl. 24 f.). Der Erzähler bekennt: „Ich war der Finger in der Wunde, das Salzkorn im Auge, der Stein auf dem Herzen. Ich war im wahrsten Sinne des Wortes zum Heulen (...)" (140).

Versuch einer Selbstbefreiung

Für die Mutter dagegen bietet die Suche nach dem Verlorenen die Möglichkeit, an die Stelle historischer Schuld eine individuelle Schuld zu setzen. Ihre Suche hat damit, psychologisch gesehen, eine entlastende Funktion: Die Eltern, besonders die Mutter, suchen nach dem verlorenen Sohn, um eine für sich konstruierte Schuld abzuarbeiten und damit die gespürte moralische Mitverantwortung für die historische Schuld Deutschlands, die in dem Text nur in allgemeinster Begrifflichkeit zu ahnen ist, zu verdrängen. Durch den mythisch gleichnishaft ausgestellten Verlust des Kindes werden die Eltern von Tätern zu Opfern. Am verlorenen Sohn selbst ist die Mutter, wie das Ende zeigt, gar nicht interessiert. Noch schlimmer als der Verlust des Kindes am Ende des Krieges wäre für die Mutter, wenn sie dieses Kind als fast Erwachsenen in der Zeit des Wirtschaftswunders tatsächlich wiederfinden würde, denn dann hätte sie keinen Verlust mehr, den sie manisch betrauern könnte, und müsste sich – vielleicht – mit ihrer Täterrolle beschäftigen.

Psychologische Funktion der Suche

Autoren, die sich mit Lebensmustern von Kindheiten beschäftigt haben, gingen meist auf die Suche nach ihrer eigenen Biografie. Am eindrucksvollsten unternahm das für die Zeit des Nationalsozialismus Jurek Becker, der an seine Kindheit im Ghetto keinerlei

3.7   Interpretationsansätze

Erinnerungen hatte und so sein Werk als Erinnerungen zu einer möglichen Biografie schrieb. Es entstand eine fiktive Autobiografie, der Roman *Jakob der Lügner* (1969). Er hatte für Becker den „Hauch einer Autobiografie"[65], weil der Autor mit dem Roman seine Kaspar-Hauser-Existenz[66], wie er seine Kindheit bezeichnete, zu bewältigen versuchte. Hans-Ulrich Treichel benutzte einen ähnlichen Ansatz:

> „Dass der Mensch eine Kindheit hat, habe ich (...) nicht gelernt. (...) Der Mensch ist ein voraussetzungsloses und zugleich rückhaltloses Wesen, das keine Kindheit hat und nichts erzählt. Der Mensch ist ein Vertriebener, der aus dem Osten kommt. Oder, genauer: Der Mensch ist ein Vertriebener, der aus dem Osten kommt und Angst vor dem Russen hat."[67]

Unter dieser Voraussetzung ist Treichels literarischer Bericht auch ein Versuch, sich die in der Erinnerung nicht vorhandene Kindheit zu schaffen und die eigene Biografie zu vervollständigen.

Literarische Parallelen zu Grass' *Blechtrommel*

Nähe zu Grass'
Blechtrommel

Bereits mit Jurek Beckers Roman ließen sich Vergleiche mit dem *Verlorenen* vornehmen. Noch auffälliger sind diese mit Günter Grass' Oskar Matzerath (*Die Blechtrommel*). Treichels Erzähler hat durch seine Ironie, die oft schelmenhaft wirkt, Ähnlichkeit mit Matzerath. Es gibt jedoch auch große Unterschiede zwischen beiden

--- --- ---

65   *„Das ist wie ein Gewitter"*. Beckers letztes Interview. In: Der Spiegel, 1997, Nr. 13, S. 211.
66   Kaspar Hauser, vermutlich 1812 geboren, 1833 an den Folgen einer Stichverletzung gestorben, tauchte 1828 in Nürnberg auf, konnte nicht sprechen und nichts über seine Herkunft oder Erziehung sagen; es entstand das Gerücht, er sei ein badischer Erbprinz, der nach seiner Geburt aus dynastischen Gründen mit einem sterbenden Kind vertauscht wurde. Hausers Schicksal wurde eines der berühmtesten Findlingsthemen der Weltliteratur.
67   Treichel, *Der Entwurf des Autors*, S. 21 f.

3.7 Interpretationsansätze

Werken: Während Grass eine schonungslose und sarkastische Kritik an der Restauration in der bundesdeutschen Nachkriegsgesellschaft übt, während Christa Wolf in *Kindheitsmuster* geradezu
selbstzerstörerisch nach eigener Schuld sucht, leidet Treichels Erzähler an der Melancholie des Unveränderlichen, unter Schuld und
Scham, die er sich nicht erklären kann und wofür in seinem Denken die deutschen Verbrechen, über die er nicht nachdenkt, keine
Auslöser sind, da sie ihm objektiv nicht bewusst sind und er subjektiv allenfalls eine Ahnung davon hat. Von daher kommt es zur
Problembewältigung durch Krankheit. Die Ursache für sein Leiden
ist der Verlust des historischen Wissens und das Fehlen der Sozialisierungsprozesse im Weltbild des Erzählers; die Folge ist, dass der
Erzähler die Probleme des Lebens wie eine Krankheit bewältigen
will. Er legt sich dafür „eine spezielle Form von Reisekrankheit"
(21) zu, deren Hauptsymptom „eine körperliche Unverträglichkeit
von Bewegung" ist.

Die Funktion mythischer Elemente

Die Familie im *Verlorenen* erlebte die Vertreibung aus dem Osten,
sie wurde zu einem Teil der westdeutschen Mittelschicht und teilte
mit dieser ein kollektives Bewusstsein, das aus der nationalsozialistischen Propaganda die Angst vor den „Russen" oder abwertende
Begriffe wie „Polenwirtschaft" (76) übernahm. Die Begeisterung
eines Leichenwagenfahrers über „sauber, perfekt und hygienisch"
arbeitende Verbrennungsöfen und „ein paar übriggebliebene Menschenknöchelchen" (106) als letzter Rest der Verbrennung erinnert
den Leser mit den Assoziationen an die Verbrennungsöfen der Vernichtungslager nachdrücklich an die Shoah. Treichels Bericht ist
deshalb kein historischer, sondern ein aktueller. Der Verlust des
Historischen ist der Grund für das Versagen der Menschen bzw.
für ihr Verharren in alten Denkschablonen, die bei ihrer faschisto-

Die Gegenwart
der Vergangenheit

3.7 Interpretationsansätze

iden Prägung bleiben und diese deutlich erkennen lassen. Wenn der Kritiker Hellmuth Karasek bei der Besprechung des Buches in der ZDF-Literatursendung *Das Literarische Quartett*[68] von einem „wunderbaren historischen Roman" sprach, war an der Formulierung nichts richtig: Treichels *Der Verlorene* ist kein Roman, die Handlung ist nicht historisch, sondern allenfalls in der Historie begründet; „wunderbar" ist der Bericht auch nicht, sondern eher alltägliche Folge eines gigantischen historischen Verbrechens, aber ironisch, fast sarkastisch erzählt und dadurch leichter nachvollziehbar.

Mythos von Narziss

In der Gestalt des Erzählers finden sich, wie Kritiker und Leser bemerkten, mythische Elemente: Er ist Narziss ähnlich[69] (Narziss war ein schöner Jüngling der griechischen Sage, der sich in sich selbst verliebte und dadurch bestraft wurde, sich auch in sein Spiegelbild zu verlieben), das mehrfach verwendete Motiv des Spiegelbildes erinnert sowohl an diesen wie auch an mythisch-geheimnisvolle Doppelgänger. Das Motiv verweist auf Selbstentfremdung; es wird leitmotivisch verwendet (vgl. 140, 174), denn im Spiegelbild treffen reales Erleben und Einbildung bzw. Vision des Erzählers aufeinander. Außerdem hat der Erzähler Sympathien für Geheimnisvolles, das Mythisches tangiert. Das teilt er beim Umbau des Wohn- und Betriebshauses der Familie mit: Aus dem idyllischen Fachwerkhaus, „einmal die Poststelle des Ortes" (46), wird eine Stahlkonstruktion mit Kühlhaus, die das „Kindheitslabyrinth" (47) ablöst. Der Umbau zerstört den „Zauberwald" (46) im Dachboden und einen geheimnisvollen Ort des Erzählers: Eine Falltür hat bis dahin zu einem „verborgenen Raum" (48) geführt, eine geheimnisvolle unbekannte Kammer. Außergewöhnlich ist auch die Begabung des Erzählers, auf Fotografien lebendige Menschen schon „als Tote" zu sehen"

Der Erzähler und sein Spiegelbild

---

68 Zit. im Anhang zu Treichel, *Tristanakkord*, S. 239.
69 Hagestedt.

3.7 Interpretationsansätze

(65). Diese Begabung lässt ihn auch in der Familie ein Geheimnis
vermuten, das er spürt, ahnt und endlich zu verdrängen versucht,
denn es ist auch sein Geheimnis. Er spürt es auch in der rational
nicht erklärbaren Neigung zu russischer Sprache und Mentalität
(vgl. 24 f.).

Das Mythische verbindet sich mit Psychologischem: Ohne Psychologie ist den Gestalten des Berichtes, insbesondere dem Erzähler und der Mutter, nicht beizukommen wie auch anderen
Büchern Treichels nicht, insbesondere *Frühe Störung* (2014), wo
Psychologisches bis in den Titel vorgedrungen ist. Die gesamte
Niederschrift des *Verlorenen* durch den Erzähler ist ein Vorgang
der Bewältigung, dem Erinnern und Wiederholen vorausgehen, Begriffe aus der Psychoanalyse Sigmund Freuds. Eine zentrale, mit
Freuds Ödipus-Komplex erklärbare Szene ist die zwischen Mutter
und Erzähler vor dem Fernseher, wenn auf dem Bildschirm „Intimitäten" (31) zu sehen sind. Der Erzähler spürt dabei erotische
Gefühle, die sich auf die Mutter beziehen. Eine Variante dazu steht
in Treichels Roman *Anatolin* (S. 36), dass er „in dem Bauch dieses Mädchens herangewachsen" ist, das einst seine Mutter war.
Diese Beziehung zur Mutter wurde dem Erzähler zur Belastung;
er begegnet ihr auch in *Anatolin*, wo er sein Entkommen aus der
Falle sucht (vgl. S. 57). Verstärkt wird das psychologische Moment
durch den Roman *Menschenflug* (vgl. S. 38 ff.), in dem die Frau des
Helden Stephan, ein Alter Ego des Erzählers im *Verlorenen*, Psychoanalytikerin ist und die Träume ihres Mannes – es sind die des
Erzählers aus dem *Verlorenen* – erklärt (vgl. *Menschenflug*, S. 64 f.).
Verwiesen wird in *Anatolin* im Zusammenhang mit *Menschenflug*
auch auf Freuds *Traumdeutung* (vgl. *Anatolin*, S. 9)

Bedeutung des
Psychologischen

4. REZEPTIONSGESCHICHTE

Der Verlorene ist seit dem Erscheinen 1998 ein Gegenstand der Literaturkritik, aber auch anderer Medien. Kaum eine Interpretationsmöglichkeit wurde in der Rezeption ausgelassen. Der Text wurde als Darstellung

→ von Kriegsfolgen, Flucht und Vertreibung,

→ von Wirtschaftswunder und deutschem Spießbürgertum,

→ der Nachwirkungen rassen- und erbbiologischer Forschungen aus dem Dritten Reich in der Adenauer-Ära,

→ von Restauration faschistoiden Gedankenguts in der jungen Bundesrepublik und

→ im Zusammenhang mit der Frage nach der Bedeutung der Achtundsechziger gewürdigt.

→ Es wurden dem Text aber auch historische Auslassungen angelastet.

Bestseller und Leserreaktionen

Das Buch wurde nach seinem Erscheinen schnell ein buchhändlerischer Erfolg, ebenso die ein Jahr nach der Hardcover-Ausgabe folgende Taschenbuchausgabe (13. Auflage 2016). Bis in die Gegenwart wird *Der Verlorene* von der Literaturkritik und inzwischen auch von Bildungseinrichtungen (Schulen) vielfältig behandelt. Auf eine wichtige Wirkung wies Hans-Ulrich Treichel in seinem Roman *Menschenflug* hin, in dem eine Übersicht zur Rezeption des *Verlorenen* gegeben wird: Nach dem Erscheinen habe er zahlreiche Reaktionen von Lesern erhalten, „die ebenfalls einen verlorenen Bruder hatten" oder meinten, „selbst ein verlorener Bruder zu sein".[70]

Weitgehend einig war sich die Kritik, dass die Handlung der Mutter auf ihrer Flucht Richtung Westen, ihren Sohn angesichts der russischen Soldaten einer fremden Frau zu übergeben, eine „Verzweiflungstat" war und dass daraus ein „Schuldkomplex" entstand, durch den kein Glück in der Familie mehr möglich war.[71]

Die Tat der Mutter

Einig waren sich die Kritiker auch,

→ dass es in Treichels Bericht kein befriedigendes Ende oder gar eine Wiedergutmachung geben kann und auch das späte Entdecken des erwachsen gewordenen Findelkindes 2307 nur eine Notlösung ist, die die Eltern zunächst um jeden Preis wählen wollen und sei es durch Adoption,

→ dass die Suche nach dem Bruder und sein mutmaßliches Auffinden im Findelkind zum „Trauma" des jüngeren Sohnes wird[72]

→ und dass der Erzähler sein Traum im Spiegelbild bestätigt sieht.

Mehrfach wurde in der kritischen Auseinandersetzung mit dem *Verlorenen* der Versuch gemacht, im Text mythische Anspielungen zu finden.[73] Der Erzähler, der jüngere Bruder und Zweitgeborene, erinnerte Kritiker an Narziss; das Ende des Berichts wurde verglichen mit dem Schrecken der Medusa[74]. Der Blick der „Fünfzigerjahrefamilie" auf das Findelkind durchs Schaufenster erschien, „als würde sie vor dem eigenen Spiegelbild erschrecken und zur Statue aus parischem Marmor erstarren"[75].

Mythische Anspielungen

---

70 Treichel, *Menschenflug*, S. 18 f.
71 Hagestedt.
72 Werner Liersch: *Eine Suche, bei der niemand findet.* In: Berliner Morgenpost vom 30./31.5.-1.Juni 1998
73 Hagestedt.
74 Sie war die sterbliche der Gorgonen und wen sie ansah, der versteinte; Perseus köpfte sie, indem er während des Tötens in einen Spiegel schaute und so ihren Blick vermied.
75 Hagestedt. Parischer Marmor ist ein besonders reiner Marmor von der Insel Paros, der sich für Bildwerke gut eignet.

Frage nach der
Gattung

Während (bzw. weil) der Autor eine Gattungsbezeichnung vermieden hatte, finden sich in den Rezensionen dazu unterschiedliche Vorschläge: Ein „Roman"[76], wie der Schriftsteller Wilhelm Genazino meint, ist *Der Verlorene* jedoch nicht. Die Bezeichnungen „Buch" oder „Prosaband" sind in den Kritiken verbreitet; „Erzählung" wäre denkbar, „Bericht" erscheint konsequent (vgl. Kap. 3.3 dieser Erläuterung). Werner Liersch nennt den Erzähler einen „Berichterstatter"[77]. Treichel selbst spricht von der „Erfindung des Autobiographischen"[78].

Verstärktes Interesse an NS-Vergangenheit um 2000

Debatte um Grass'
Im Krebsgang

Mit Hans-Ulrich Treichels *Der Verlorene* verstärkte sich um 2000 ein erneutes Interesse an der NS-Vergangenheit, das nunmehr von der nächsten Schriftstellergeneration getragen wurde. Das Erscheinen der Novelle *Im Krebsgang* von Günter Grass (2002) regte Kritiker zur Erstellung von Übersichten einschlägiger Werke über die NS-Vergangenheit an. So versuchte sich der Kritiker Volker Hage im Rahmen seiner Grass-Rezension im *Spiegel* an einer derartigen Zusammenschau, ohne aber Treichel zu nennen[79]:

„Was bisher etwa bei Kempowski in dem großen kollektiven Tagebuch *Das Echolot* (…) zur Sprache kam, was in Romanen von Arno Surminski, Leonie Ossowski oder Heinz G. Konsalik, auch in der Jugendliteratur (so in Willi Fährmanns 1962 publiziertem Erfolgsroman *Das Jahr der Wölfe*) dargestellt wurde, wird von

---

76 Wilhelm Genazino: *Komisches Unglück*. In: Frankfurter Rundschau vom 25. März 1998.
77 Werner Liersch: *Eine Suche, bei der niemand findet*. In: Berliner Morgenpost, 30./31. Mai bis 1. Juni 1998.
78 Treichel, *Der Entwurf des Autors*, S. 112.
79 Volker Hage: *Das tausendmalige Sterben*. In: Der Spiegel, Nr. 6, 2002, S. 188. – Vgl. dazu auch eine ähnliche Auflistung bei Rolf Schneider: *Der beste Grass seit Jahren*. In: DIE WELT, Dienstag, 5. Februar 2002, S. 27. Auffallend ist an diesen Aufzählungen, dass sie in der Regel weibliche Autoren ebenso übersehen wie ostdeutsche, man denke nur an Christa Wolf.

Grass [in der Novelle *Im Krebsgang*, R. B.] auf hohem literarischen Niveau präsentiert: die Massenflucht der Ostdeutschen gen Westen, vorgeführt am Beispiel der äußersten Katastrophe, des ‚Gustloff'-Untergangs."

Neu war gerade bei Hans-Ulrich Treichel, dass durch die Ausschließlichkeit, mit der die geschilderte Familie nach dem verlorenen Sohn sucht, andere Fragen von Schuld und Verantwortung verdrängt werden und so die unbewältigte Vergangenheit wieder zum revanchistischen Auftrag gerät. In keinem anderen Werk bisher wurde das Thema von Flucht und Vertreibung mit einer so privaten Handlung in einem so entpolitisierten Raum vorgeführt wie im *Verlorenen*. Das war die Gefahr, auf die Treichels fiktiver Bericht aufmerksam macht. Auch Literaturwissenschaftler versuchten, den *Verlorenen* in eine literaturhistorische Übersicht zu bringen, etwa Amir Eshel in seinem Aufsatz *Die Grammatik des Verlusts* (2002). Ausgehend von einem Vergleich zwischen Barbara Honigmanns *Soharas Reise* (1996) und Treichels *Der Verlorene* (1998) – beide erzählen von verlorenen Kindern – erkennt Eshel, welche Wege die nachfolgende Autorengeneration einschlägt beim Versuch, der deutschen Geschichte einen Sinn abzugewinnen. Jüngere Autoren folgen demnach nicht mehr den (westdeutschen) Repräsentanten der unmittelbaren Nachkriegsliteratur wie Alfred Andersch, Heinrich Böll, Siegfried Lenz, Günter Grass und Martin Walser, sondern sind auf den Spuren von Autoren wie Wolfgang Koeppen, Peter Weiss, Wolfgang Hildesheimer, Uwe Johnson, Ingeborg Bachmann oder Thomas Bernhard[80] unterwegs und streben danach, der historischen Katastrophe literarische Bedeutung zu verschaffen. Ge-

Das Neue bei Treichel

Eine neue Generation meldet sich zu Wort

———

80   Vgl. Eshel.

nannt werden W. G. Sebald, Christoph Ransmayer, Esther Dischereit, Ronnith Neumann, Ulla Berkéwicz und Marcel Beyer.

Bezug zu den Achtundsechzigern

Keine abge-
schlossene
Vergangenheit

In den fünfziger Jahren des 20. Jahrhunderts hatte in Westdeutschland das Wirtschaftswunder mit dem Slogan „Wohlstand für alle" begonnen. An dieser Entwicklung hatten auch die Vertriebenen und Flüchtlinge, die keinen leichten Start in den Besatzungszonen und der jungen Bundesrepublik hatten, großen Anteil, weil sie bestrebt waren, ihren früheren Wohlstand wiederherzustellen. Vergangenheitsbewältigungen dagegen waren auch ihre Sache nicht. Das wurde dann ein Thema der Achtundsechziger. Einige Literaturkritiker betrachteten den *Verlorenen* als ein spätes Dokument der Achtundsechziger, ihrer Ansprüche, Vorhaben und Ziele:

„Die Nachgeborenen können nicht die Geschichten von damals erzählen. Aber sie können berichten, wie die Folgen dieser Geschichten sie immer wieder einholen. Dass das alles keine längst abgeschlossene Vergangenheit ist, davon zeigt sich auch Treichel überzeugt."[81]

In den weiteren Behandlungen des Themas in den folgenden Werken blieb Treichel dieser Überzeugung treu und steuerte so auch Mosaiksteine zur Geschichte der Achtundsechziger bei.

Treichels Werk bekam viel Zustimmung. Selten wurde Kritisches angemerkt. Das richtete sich, unter Vernachlässigung des Unterschieds zwischen Geschichtsschreibung und Literatur, gegen die Allgemeingültigkeit der geschilderten Ereignisse: „Doch war es so? War die erste Nachkriegsgeneration wirklich nur so, wie man sie

---

81 Hage, S. 249.

in Faßbinderfilmen, in Darstellungen der Gruppe 47 und nun auch in der Erzählung Treichels wiederfindet?"[82] Zu wenig sah der Kritiker Wolfgang Müller die entstehende Demokratie gewürdigt, zu wenig die Bedeutung der Achtundsechziger, zu wenig die Aufbaujahre der jungen Bundesrepublik. Auch sich „latent faschistisch" zu verhalten, wie die Figuren Treichels, sei überzogen, so Müller. Die Entwicklung bewies das Gegenteil. Die Ursache für die Schwächen sah der Kritiker in der „traditionell linksdeutsche(n) Sicht auf deutsche Verhältnisse", was auch immer darunter zu verstehen ist.

Erst als Treichels Thema des *Verlorenen* in anderen Werken mehrfach wiederkehrte, wurde die Kritik an den Folgewerken lauter, weil die Wiederholung das Geschehen nicht überzeugender gemacht habe (Pia Reinacher in *F.A.Z.* vom 16. 9. 2008, Christoph Schröder in der *Frankfurter Rundschau* vom 19. 5. 2008 u. a.).

Übersetzungen, Dramatisierung, Verfilmung

Der Verlorene wurde inzwischen in 21 Sprachen übersetzt, der Text diente sogar als Prüfungsstoff bei Sprachexamina in Goethe-Instituten. Das Werk wurde 2003 für die *Sophiensaele* Berlin dramatisiert (Regie: Boris von Poser) und 2015 von Matti Geschonnek unter dem Titel *Der verlorene Bruder* (Buch: Ruth Toma) verfilmt, „erzählt aus der Perspektive des präpubertären Bengels", gesendet am 9. Dezember 2015 in der ARD.[83] Seither wurde der Fernsehfilm, über den umfangreich diskutiert wurde[84], bereits mehrfach wiederholt.[85] Der Vater, der in dem Film Ludwig Blaschke (Charly Hübner) heißt, und die Mutter Elisabeth (Katharina Lorenz) bedrängen den

Theater und Film

---

82 Müller, *Hans-Ulrich Treichel: Der Verlorene.*
83 Jens Szameit: *Die traurige Besessenheit vom Glück*, in: Freie Presse (Chemnitz) vom 9. Dezember 2015, S. A4
84 Vgl. http://www.daserste.de/unterhaltung/film/filmmittwoch-im-ersten/sendung/der-verlorene-bruder-122.html (Stand: März 2018).
85 Der Film ist zu sehen unter: http://dailymotion.com/video/x5dhra (Stand: März 2018).

Sohn Max (Noah Kraus) – den Erzähler –, der sich wiederum gegen den Albtraum, dass er plötzlich einen älteren Bruder haben soll, subtil zur Wehr setzt, indem er Untersuchungen sabotiert und falsche Fotos unterschiebt.

Menschenflug (2005) und Tagesanbruch (2016)

Treichels Roman *Menschenflug* (2005) nimmt Fakten der Autobiografie und der Brudersuche sowie Motive des *Verlorenen* wieder auf, ist aber keine direkte Fortsetzung des *Verlorenen*. Auch in Treichels Erzählung *Tagesanbruch* (2016) beherrscht das Thema die Handlung: Eine Mutter berichtet in einem Monolog dem an Leberkrebs verstorbenen Sohn, den sie monatelang gepflegt hat, von ihrem Schicksal, der Liebe zu ihm, der doch durch seine Anwesenheit gleichzeitig immer wieder an erlebtes Schreckliches wie die Vergewaltigung erinnerte und möglicherweise deren Ergebnis ist. In Umrissen wird die nationale Katastrophe gesehen, die ihr Leben bestimmte.

5. MATERIALIEN

Als im Oktober 1997 der Vorabdruck in der *Frankfurter Allgemeinen Zeitung* (F.A.Z.) angekündigt wurde, beschrieb der Literaturredakteur Lothar Müller treffend die Eigentümlichkeit des Textes, die ihm in der Folgezeit viel Aufmerksamkeit brachte. Es ist die Mischung aus lakonischer Genauigkeit und eigenwilliger Naivität:

Versteckter Schrecken

„Der ungeliebte Bruder, von dem Treichel hier erzählt, ist eine Figur, die leicht ins Dramatisch-Abgründige und Pathetisch-Sentimentale führen könnte. Wie der Lyriker versteckt auch der Erzähler Hans-Ulrich Treichel Schrecken und Trauer an der leicht gekräuselten Oberfläche der Sprache. Aus Sätzen, die auch in der Begegnung mit dem Tod ihre lakonisch-umständliche Genauigkeit nicht verlieren, entsteht die Innenwelt eines misstrauischen Kindes. Nicht der leiseste Schatten, in dem sich der verschollene Bruder verbergen könnte, entgeht dem überwachen Zweitgeborenen. Moralische Erwägungen und Rücksichten sind ihm dabei fremd. Was ihm auffällt und nach Klärung verlangt, untersucht er mit dem rücksichtslosen Eifer eines Jungen, der den inneren Mechanismus einer Apparatur auch um den Preis der Zerstörung ergründen will."[86]

Der Schriftsteller und Kritiker Werner Liersch (1932–2014) hob in seiner Kritik die „subtile Skizze westdeutscher Nachkriegswirklichkeit" hervor und machte auf Leerstellen wie die fehlende Kreidekreissituation[87] aufmerksam, die sich daraus ergeben:

Keine Kreidekreissituation

---

86 Lothar Müller: *Der Verlorene*. In: Frankfurter Allgemeine Zeitung vom 28. Oktober 1997, Nr. 250.
87 Die Kreidekreis-Situation geht auf die berühmte Entscheidung König Salomos zurück (1. Könige 3, 16–28) und stellt sie in ein chinesisches Umfeld: Zwei Frauen, die Anspruch auf ein Kind erheben, streiten um das Kind und sollen nach einem alten chinesischen Singspiel dieses Kind aus einem Kreidekreis ziehen. Wer gewinnt, dem gehört das Kind. Als die wirkliche Mutter auf diese Gewalt verzichtet, erkennt der Richter darin ihre Mutterliebe. Dazu hat es in der Literatur viele Variationen gegeben, die entweder der biologischen Mutter oder der mütterlichen Frau Recht gaben (Bertolt Brecht *Der kaukasische Kreidekreis*, Claus Hammel *Um neun an der Achterbahn* usw.).

„Mutter und Vater haben mit Hilfe des Suchdienstes vom Roten Kreuz einen jungen Mann ausfindig gemacht, das ‚Findelkind 2307', den sie für Arnold halten und der schließlich um jeden Preis Arnold sein muss. ‚In solchen Dingen', sagt der Vater, ‚würde der Instinkt sprechen und nicht der Verstand.' Nicht von der Liebe, die stärker ist als alles andere, redet der Mann. Ihn beherrschen ganz alltäglich die ideologischen Muster der nazistischen Vergangenheit. Treichel ist ein leiser, gleichwohl deutlicher Porträtist von Personen und Zuständen.

In dieser Familie, in der es an Liebe fehlt, entsteht keine Kreidekreissituation. Niemand bemerkt, dass über der besessenen Suche nach dem verschollenen Sohn der lebende verloren zu gehen droht, und niemand lässt davon."[88]

Fälle existenzieller Heimatlosigkeit

2006 erhielt Hans-Ulrich Treichel während der 56. Wangener Gespräche den *Eichendorff-Literaturpreis*. Der Preis wird vergeben vom *Wangener Kreis – Gesellschaft für Literatur und Kultur des Ostens e. V.* In der Berichterstattung wurde eines der zentralen Themen des Autors hervorgehoben, das Ich als Opfer des Alltags:

„Ausgezeichnet wurde er für sein literarisches Gesamtwerk, da er, so die Jury, ‚immer neue Fälle von existenzieller Heimatlosigkeit' in seinen Werken schildert, doch ‚zugleich von wohlfeiler Verzweiflung abrät'. Laudator Dr. Burkhard Spinnen wies darauf hin, dass Hans-Ulrich Treichel häufig eine gescheiterte Entwicklung zum Besseren beschreibt, dass er das Ich als Opfer des Alltags sieht, dabei nicht lamentierend, sondern mehr protokollierend und auf das Ironische abhebend, etwa in dem Buch *Heimatkunde*. Mit dem

---

88 Werner Liersch: *Eine Suche, bei der niemand findet.* In: Berliner Morgenpost, 30./31. Mai bis 1. Juni 1998.

Sterben befasst sich Treichel in seinem neuesten Werk *Menschen-flug* und stellt fest, dass der ‚präzise und genaue', der plötzliche und endgültige Tod allmählich ausstirbt. Heute beginnt ein Krankheits-leben ab 50, zieht sich das über Jahre hinaus; Sterben als Zustand."[89]

2015 wurde Treichels Werk *Der Verlorene* unter dem Titel *Der verlorene Bruder* für die ARD verfilmt und am 9. Dezember 2015 gesendet. Treichels namenloser Erzähler hieß nun Max und kämpfte engagiert und intensiv gegen einen möglichen älteren Bruder. In einer Rezension zum Film in der F.A.Z. hieß es:

„Als toter Bruder
wäre er mir lieber
gewesen"

„Für Max, der sich dank der Erfahrungen in der Schule nichts Schlimmeres vorstellen kann als einen älteren, stärkeren, von den Eltern womöglich hofierten Bruder im Haus, ist das schwer zu verdauen: ‚Als toter Bruder wäre er mir lieber gewesen', denkt er, ohne dass man ihm darüber böse sein will. Denn die Stärke des Films besteht darin, dass er die psychischen Folgen der Nachricht für den Jungen ernst nimmt, ohne darüber die Psyche der Eltern zu vernachlässigen. Sogar an die Mentalität der frühen Bundesrepublik pirscht er sich heran"[90].

---

89 Ulrich Schmilewski: *Schriftzeichen. 56. Wangener Gespräche*, in: Schlesischer Kulturspiegel.
    41. Jg./2006, Nr. 4, Oktober–Dezember, S. 1.
90 Matthias Hannemann: *Heimat ist, wo man ankommt*. In: Frankfurter Allgemeine Zeitung vom
    9. Dezember 2015.

6. PRÜFUNGSAUFGABEN MIT MUSTERLÖSUNGEN

Unter www.königserläuterungen.de/download finden Sie im Internet zwei
weitere Aufgaben mit Musterlösungen.

Die Zahl der Sternchen bezeichnet das Anforderungsniveau der jeweiligen
Aufgabe.

Aufgabe 1 *

**Welche Stellung hat *Der Verlorene* in der aktuellen deutsch-
sprachigen Literatur?**

Mögliche Lösung in knapper Fassung:

ERLÄUTERUNG

Mit seinem fiktiven Bericht *Der Verlorene* wurde Hans-Ulrich Treichel, der als Lyriker und Librettist einer interessierten Leserschaft
bereits vertraut war, 1998 weithin bekannt; die Literaturkritiker vieler, auch in ihren Haltungen unterschiedlicher Medien reagierten
wohlwollend bis enthusiastisch. Die öffentliche Diskussion, auch
bereits im Internet oder in einer Gesprächsrunde des MDR Figaro,
kommentierte nicht nur den überraschenden Einfall, fünfzig Jahre
nach dem Kriegsende 1945 einen „Verlorenen" finden zu wollen,
sondern stritt auch über den eigenwilligen Schluss: Wer sieht wen?
Was hat es mit dem Spiegelbild am Ende des Textes auf sich und
wer steht im Fleischerladen? Wird mit dem literarisch bewährten
Motiv des Doppelgängers gearbeitet oder sieht sich der Erzähler
doch nur selbst? Diese Fragen, die die Interpreten bis heute beschäftigen, sind nicht einfach zu beantworten, denn die Antworten
werden je nach Lebens- und historischen Erfahrungen der Leser
anders ausfallen.

Der Verlorene widmet sich einem alltäglichen Thema der Nachkriegsgeschichte, dem Schicksal eines auf der Flucht aus Ostpreußen im Januar 1945 verloren gegangenen Kindes. Die Handlung folgt nach diesem traumatischen Ereignis 1945 der aufwendigen Suche der Eltern ab 1959 und bezieht mehrere erbbiologische Untersuchungen ein, die durchweg noch an die Rassen- und Erbtheorien des Nationalsozialismus und ihrer Methoden erinnert. Ein objektives Ergebnis folgt aus diesen Untersuchungen aber nicht; subjektiv meint der Erzähler, den verlorenen älteren Bruder schließlich, inzwischen mit 21 Jahren volljährig, in einem Fleischerladen erkannt zu haben. Aus dieser Abfolge leitet sich der Handlungszeitraum von 1945 bis in die Mitte der sechziger Jahre ab.

Die oben gestellten Fragen sind nicht eindeutig zu beantworten und entsprechen bzw. bedienen zahlreiche Fragestellungen, die vom individuellen Schicksal bis zur nationalen Verantwortung für die Verbrechen des Zweiten Weltkriegs und ihre Wirkungen in der Nachkriegszeit, bis zum westdeutschen Wirtschaftswunder in den fünfziger Jahren, reichen. Dabei stellt sich als eine zentrale Frage heraus, wie sich die Kriegsgeneration, zu der die Eltern des Erzählers gehören, der Verantwortung für Krieg, Vertreibung und Flucht seinerzeit gestellt haben. Die Antworten, die Treichels Bericht entnommen werden können, richten sich nach der Deutung der zentralen Begriffe „das Schreckliche" sowie „Schuld und Scham". Die Antworten ergeben sich daraus, ob diese Begriffe auf die historische Schuld der Deutschen insgesamt, auf die moralische Verantwortung jedes einzelnen Deutschen oder nur auf die Verantwortung für sich selbst, in vorliegendem Fall auf die Verantwortung der Eltern für den „Verlorenen" bezogen wird.

Hans-Ulrich Treichel widmet sich dieser Fragestellung als Vertreter der nächsten Generation, die nicht mehr selbst an den Vorgängen in der NS-Zeit beteiligt war, aber unter ihren Auswirkungen zu leiden hatte. Es waren die Fragestellungen der folgenden Generation nach dem Kriege, wie sie auch von Christoph Hein (geb. 1944) und Uwe Timm (geb. 1940), um nur zwei Namen zu nennen, gestellt wurden. Deutliche Parallelen gibt es zu Christoph Heins fast gleichzeitig erschienener Autobiografie *Von allem Anfang an* (1997). Beide Bücher suchen prägende Erlebnisse in den Kindheiten ihrer Helden, die beide aus Vertriebenen- bzw. Umsiedlerfamilien stammen und das Alter Ego ihrer Schöpfer sind. Beide Bücher üben sich im freien Spiel mit Mythen, bei Treichel sind es antike und christliche, bei Hein christliche Mythen. In Heins autobiografischem Text ist die Geschichtlichkeit minutiös erkennbar; in Treichels *Verlorenem* geht unbewältigte Geschichte in einem neuen Mythos auf, der Elemente von der biblischen Geschichte von Kain und Abel bis zum antiken Ödipus miteinander verquickt, immer aber Katastrophen meint.

Treichels Geschichte einer Kindheit setzt außerdem eine literarische Reihe fort, die von Christa Wolfs *Kindheitsmuster* (1976) bis zu Günter Grass' *Im Krebsgang* (2002) reicht, die aber von der älteren, unmittelbar vom Krieg betroffenen Generation geschrieben wurde. Es sind Kindheiten im Faschismus und Nationalsozialismus, die in diesen Werken dargestellt werden, oder sie sind mindestens durch ihn geprägt und beeinträchtigt worden.

Der Verlorene hat hohe Auflagen erreicht und ist bis heute erfolgreich. Der Text wurde verfilmt und zum beliebten Unterrichtsstoff. Treichel hat inzwischen auch mit anderen Titeln sein Publikum begeistert. Er wurde von der Kritik immer wieder gelobt, aber der Erfolg des *Verlorenen* überstrahlt Treichels anderen Werke, zumal der Autor zuvor in Gedichten und Essays und nach dem *Der Verlorene* mehrfach in Prosatexten (*Menschenflug*, *Anatolin*, *Tagesanbruch*) das Thema der Suche nach dem verlorenen Bruder variantenreich behandelt hat.

Beide Autorengenerationen entwickelten eigene Methoden des Umgangs mit der Vergangenheit: Christa Wolf und Günter Grass, Angehörige der älteren Autorengeneration, bieten detaillierte Analysen des Lebens im Faschismus und die Möglichkeiten von Mitläufertum, Bewährung und Widerstand. Treichel und Hein provozieren dagegen Auseinandersetzungen und Nachfragen, geben keine eindeutigen Antworten, sondern bieten mehrere Möglichkeiten alternativen Lebens an. Beide Generationen wollen aber mit ihren Werken Chronisten der deutschen Geschichte nach 1945 sein.

Von den anderen Titeln hebt die Werke Treichels und Heins ab, dass beide die Erfahrungen der nächsten Generation mit dem Zweiten Weltkrieg, Flucht, Vertreibung und Umsiedlung mitteilen, die sich von der Erfahrung der früheren Generation unterscheidet. Diese hatte Krieg und Nachkriegszeit bewusst und unmittelbar erlebt, war den Flüchtlingsweg gegangen und hatte den Neuanfang gestalten müssen. Hein (geb. 1944) und Treichel (geb. 1952) erlebten jedoch erst die Nachkriegszeit bewusst und wurden bereits in die Neuanfänge ihrer Eltern hineingestellt; als prägend erlebten sie deshalb die Wirkungen des Krieges und seine Folgen in der Nachkriegszeit.

Aufgabe 2 ***

Beschreiben Sie Ungesagtes, Geheimnisvolles in Treichels *Verlorenem*.

Mögliche Lösung in knapper Fassung:

Ungesagtes und Geheimnisvolles ist in Treichels *Der Verlorene* einmal in der Familiengeschichte vorhanden, die bis zuletzt nicht vollkommen geklärt bzw. enthüllt wird. Über geheimnisvolle Fähigkeiten verfügt aber auch der Erzähler, der vieles ahnen kann, in der

BESCHREIBUNG

Wirklichkeit mancherlei Geheimnisvolles entdeckt oder spürt und sich sogar Lebende als Tote vorstellen kann.

Der Erzählanlass für den Bericht des jugendlichen Erzählers ist der Verlust des älteren Bruders, der auf der Flucht der Familie aus dem Osten verlorenging. Der Erzähler hat erst spät von diesem Bruder und von den Umständen, unter denen er verloren ging, erfahren. Von Beginn an verbindet sich dieser Vorgang mit Ungesagtem, das beim Erzähler das Gefühl des Geheimnisvollen auslöst („Ich weiß nicht ...", 7). Schutzbehauptungen der Eltern, vorzugsweise der Mutter, stellen sich später als falsch heraus. Das Bemühen des Erzählers, mehr von den Vorgängen zu erfahren, stoßen auf das Schweigen der Mutter („Auf meine Frage [...] sagte die Mutter nichts.", 11). Erst als im Zuge der Suche nach dem verlorenen Erstgeborenen der Erzähler für erbbiologische Untersuchungen als Vergleichsobjekt benötigt wird, erfährt er von seinen Eltern mehr, vor allem auch, dass dieser Bruder vermutlich noch lebt.

Immer mehr erkennt der Erzähler im Laufe der Zeit, dass nicht nur die Geschichte des Bruders voller unbekannter Größen ist, sondern auch die daraus entstandenen Gefühle der Eltern von Schuld und Scham. Für diese das Familienleben beherrschenden Emotionen kann es mehrere Erklärungen geben. Am deutlichsten wird die Erklärung, dass sich die Eltern schuldig am Verlust ihres Erstgeborenen fühlen und deswegen Scham empfinden. Aber dabei erkennen sie nicht, dass Arnolds Verlust die Folge von Verbrechen ist, an denen sie als von der NS-Politik zunächst profitierende Deutsche, zumal im Osten, moralisch mitschuldig waren. So bleibt offen, wie die Eltern ihr Gut in Ostpreußen erworben haben. In seinen Poetikvorlesungen zitiert Hans-Ulrich Treichel dazu seinen Vater in einem Dokument aus dem Nachlass mit den Worten: „Ich (...) übernahm während des Krieges als Schwerkriegsbeschädigter die Bewirtschaftung eines landwirtschaftlichen Hofes in Rakowiec."[91]

Dem Erzähler fällt im Nachhinein auf, dass „vom Tag meiner Geburt an (...) ein Gefühl von Schuld und Scham in der Familie" (17) herrschte, was die Frage aufwirft, was seine Geburt mit dem Verlust des Bruders zu tun hat, wenn man stillschweigend zur Kenntnis nimmt, dass ein Neugeborener bereits die herrschenden Gefühle einer Familie erkannt haben will. Neben Schuld und Scham ist es das „Schreckliche", was der Mutter auf der Flucht in der Begegnung mit den Russen geschah, das für den Erzähler unerklärt bleibt, aber zumindest für den Leser zu ahnen ist und Fragen aufwirft. Alle drei Begriffe „Schuld und Scham" sowie „Schreckliches" deuten auf verschwiegene oder geheimnisvolle Familienereignisse, die der Erzähler durch eine besondere Begabung des Erahnens spürt. Erinnert wird das Bild eines fröhlichen Kindes, des verlorenen Brudern, das nach dem Gefühl des Erzählers aber nicht mit den Tatsachen („schließlich war Krieg", 7) übereinstimmt. Geheimnisvoll mutet auch an, dass die Eltern es zu vermeiden scheinen, ihren Zweitgeborenen, ähnlich wie den Verlorenen, auf Fotografien großflächig und eindrucksvoll abzubilden. Stattdessen bleibt der Erzähler auf Fotos „nur teilweise und manchmal auch so gut wie überhaupt nicht" (9) sichtbar. Selbst bei der Taufe ist nur eine weiße Decke und die „Spitze eines Säuglingsfußes" (9) zu sehen. Es scheint, als wolle man bildhafte Eindrücke, die zu Vergleichen herausfordern könnten, vermeiden und wolle seine Existenz oder seinen Anblick schamvoll verschweigen.

Hinzu kommt, dass in der Gestalt des Erzählers, wie Kritiker ebenfalls bemerkten, mythische Elemente festgemacht zu sein

---

91 Treichel, *Der Entwurf des Autors*, S. 24 f.

scheinen: Die unbewältigte Geschichte des Erzählers verquickt Elemente der biblischen Geschichte von Kain und Abel (dem Erzähler ist der *tote* Bruder am liebsten) mit Elementen der antiken Geschichte des Ödipus (die Eltern geben ihr Kind fort, um sich zu retten). Der Erzähler ist aber, vor allem zu seiner eigenen Verteidigung, auch Narziss ähnlich, und das im Text mehrfach zu findende Motiv des Spiegelbildes erinnert an mythisch-geheimnisvolle Doppelgänger. Das Motiv des Spiegelbildes verweist zugleich auf Selbstentfremdung; es wird leitmotivisch verwendet (vgl. 140, 174).

Der Erzähler hat Sympathien für Geheimnisvolles, zumal sich auch mit ihm und um ihn Geheimnisvolles abzuspielen scheint. Neben den fehlenden vollständigen Bildern von ihm ist er auch in den äußeren Merkmalen seinen Eltern nicht ähnlich, dafür seinem verlorenen Bruder (vgl. 150 f.). Seine Lust am Geheimnisvollen teilt er auch beim Umbau des Wohn- und Betriebshauses mit: Aus dem idyllischen Fachwerkhaus, „einmal die Poststelle des Ortes" (46), wird eine Stahlkonstruktion mit Kühlhaus, die das „Kindheitslabyrinth" (47), den „Zauberwald" (46) im Dachboden und einen geheimnisvollen Ort des Erzählers zerstörte: Eine Falltür führte zu einem „verborgenen Raum" (48), eine geheimnisvolle unbekannte Kammer. Geheimnisvoll ist auch seine Begabung, auf Fotografien lebendige Menschen schon „als Tote" zu sehen" (65). Auch diese Begabung lässt ihn in der Familie ein Geheimnis vermuten, dass er erst ahnt und endlich zu verdrängen versucht, denn das Geheimnis ist auch sein Geheimnis. Er spürt es ebenso in der rational nicht erklärbaren Neigung zu russischer Sprache und Mentalität (vgl. 24 f.).

Aufgabe 3 **

**Beschreiben Sie die Entwicklung der familiären Stellung
des Ich-Erzählers.**

Mögliche Lösung in knapper Fassung:

BESCHREIBUNG

Der Erzähler eröffnet seinen Bericht mit einer Beschreibung des
älteren Bruders Arnold, den er nach den Aussagen seiner Mutter,
die auf den Krieg und die Heimat im Osten verweist, für tot halten
muss. Das ist für ihn deshalb bedrückend, weil er durch Fotos in
der Gegenwart in einer Weise noch immer anwesend ist, dass sich
der jüngere Bruder für benachteiligt halten muss und den älteren
Bruder um seiner bevorzugte Stellung in der Familie willen benei-
det. Arnold spielt auch als Verlorener die Hauptrolle, der anwe-
sende Erzähler nur eine Nebenrolle, die nicht einmal besonders
gewürdigt wurde. Die Situation entspannt sich erst, als die Mutter
ihrem jüngeren Sohn erzählt, „dass Arnold auf der Flucht vor dem
Russen verhungert sei" (11). Der Erzähler weiß sich damit als nunmehr alleiniger Sohn und fühlt sich durch den toten Bruder „vom
Schicksal" (11) zunächst noch besonders gewürdigt, hat er doch ein
Kriegsopfer in der Familie aufzuweisen. Hinter dieser Gefühlsreak-
tion schimmert noch die aus dem Dritten Reich vermittelte Heroen-
und Heldenverehrung durch.

Das änderte sich jedoch nach der „gesamten Kindheit und ersten Jugendjahre(n)" (12), nach herkömmlicher Rechnung im Alter
von vierzehn Jahren, als in einer „Aussprache" (12) die Mutter dem
Erzähler mitteilt, dass sein Bruder auf der Flucht verloren gegangen sei und noch leben könne. Damit beginnt ein Albtraum für den
Jüngeren. Nun erfährt der Erzähler, dass der Verlust des Bruders
mit einem Erlebnis der Mutter von etwas „Schrecklichem" durch
die Russen verbunden ist. Zumindest der Leser kann aufgrund der

Andeutungen erkennen, dass es sich bei diesem Erlebnis um eine Vergewaltigung handelt. Spätestens mit diesem Wissen verändert sich der Erzähler in seiner Haltung zu den vergangenen Vorgängen und zur Familie: Da er „Schuld und Scham" seit seiner Geburt in der Familie verspürt, muss er seine Herkunft hinterfragen. Die Gefühle werden beherrschend, ohne dass eine Erklärung dafür gegeben würde. Für den Erzähler wird die Frage dringender, warum er sich bei seinen alltäglichen Handlungen schuldig fühlen soll. Er begreift schließlich, dass es dafür zwei Ursachen gibt: den „verlorengegangenen Bruder" und das „Schreckliche", was die Russen der Mutter angetan hatten. Dadurch nimmt er die Stelle des Erstgeborenen ein, die ihm nicht zukommt, und zudem ist er vielleicht nicht einmal das Kind beider Eltern. Dieser Verdacht verstärkt sich noch, als er im deutschen Radio russisch klingende Wörter hört und diese zwar nicht versteht, aber allmählich den Eindruck hat, als hätten diese Worte etwas mit ihm und seiner Familie zu tun. Es bleibt an diesem Punkte des Berichts nur die vage Vermutung, dass er die Folge der Vergewaltigung ist und nun „der ganze Äther" von der „Schande und dem Schrecklichen" (25) erfüllt ist. Hinzu kommt, dass der Vater ihn nachdrücklich missachtet, nicht mit ihm spricht und „stundenlang" an ihm vorbeischauen kann. Ist er dagegen mit der Mutter bei einer „intimen Szene" (31) im Fernsehen allein, machten sich Beschämung und Verlegenheit breit, möglicherweise ein Hinweis darauf, dass sich die Mutter bei diesen Gelegenheiten stets an die andere sexuelle Begegnung erinnerte.

Der Erzähler gerät in immer größere Distanz zu den Eltern, zumal er die Leidenschaft des Vaters für Fleisch und Schweineköpfe nicht teilt und für die Heiterkeit beim Schweinekopfessen keinen Sinn entwickelt. Parallel dazu wird die Kindheitserinnerung – „Zauberwald" und „Kindheitslabyrinth" (47 f.) – durch den Aufstieg der Eltern zu saturierten Bürgern und die damit verbundenen baulichen

Veränderungen des Hauses zerstört. Auch die Distanz zum Bruder wird größer: Als toter Bruder ist Arnold für den jüngeren Erzähler kein Hindernis, sondern zunächst sogar ein Gewinn, um damit, vielleicht gegenüber Mitschülern, zu punkten. Aber ein möglicherweise noch lebender Bruder wird innerhalb der Familie zum Konkurrenten, der ihm, aufgrund seines Alters, auch überlegen wäre. Von nun an sieht sich der Erzähler als Gegner des Bruders. Der Erklärung des Vaters, das in Frage stehende Findelkind 2307 wäre dem Erzähler „wie aus dem Gesicht geschnitten" (55), beantwortet der Erzähler mit Schmerzen und Lähmungserscheinungen. Sie gehören zu dem Versuch, dem Verlorenen unähnlicher zu werden (vgl. 56 ff.). Wut und Zorn über den vielleicht in sein Leben tretenden Bruder steigern sich absurderweise bis zur Hoffnung auf einen „dritten Weltkrieg" (58). Die Entfremdung von der Familie hat eine außergewöhnliche Form und Qualität angenommen. Es beruhigt den Erzähler, als erste Untersuchungsergebnisse ergeben, dass er *und* das vermeintliche Findelkind „wenig wahrscheinlich" (60) Kinder dieser Eltern sind. Da es sich jedoch um erbtheoretische Untersuchungen, deren Grundlagen letztlich auf die Rassentheorien der Nationalsozialisten zurückgehen, handelt, ist diesen Ergebnissen kaum Bedeutung beizumessen. Für den Erzähler ist das jedoch die Möglichkeit, sich von den Eltern zu lösen, indem er glaubt, ebenso wenig wie das Findelkind 2307 ein Kind dieser Eltern zu sein. Andererseits hieße das, seine Identität aufzugeben, was er ebenfalls nicht will. So gerät er in ein unlösbares Dilemma. Das verstärkt sich nach einem weiteren Gutachten, nach dem er mit jenem Findelkind eher verwandt scheint als mit den Eltern. Nunmehr scheint es, als würden die Eltern nicht nur den Verlorenen nicht wiederfinden, sondern den nicht verlorenen Sohn verlieren; auch dieser würde zu einem Findelkind, „vielleicht sogar ein Russenkind" (151). Damit ist eine andere Individualität erreicht; die Entfremdung von der früheren Identität ist vollkommen. Wenn er beim Blickkontakt mit dem Findelkind sein „Spiegelbild" (174) sieht, so ist das eine tödliche Situation – wie im Mythos von Narziss –, denn um frei zu werden, muss das Spiegelbild beseitigt werden. Die Entfremdung von der Familie wird zur tödlichen Gefahr für das Individuum; aus dem Bruder ist ein Fremder geworden.

Aufgabe 4 ***

Welche Rolle spielt Psychologie in Treichels *Der Verlorene*?

Mögliche Lösung in knapper Fassung:

ERLÄUTERUNG

Als Hans-Ulrich Treichel 1993 eine germanistische Untersuchung *Der Schatten des Verschwindens* über *Peter Schlemihls wundersame Geschichte* (1814) von Adelbert von Chamisso veröffentlichte, wurde darin seine Faszination von psychologischen Betrachtungen deutlich. Besonders angetan war er neben der Deutung des Schattens vom Motiv des Doppelgängers, den Spiegelspielen und dem „Stigma der Schattenlosen". Sein namenloser Erzähler im *Verlorenen* – namenlos kann als eine Entsprechung zum Schattenlosen verstanden werden – mutet wie eine Variation zu Chamissos Schlemihl an: Zum Schattenlosen kommt der Gesichtslose, denn von dem Erzähler ist kein Foto vorhanden, auf dem er als Individuum zu erkennen ist. Als dann dennoch von ihm eine gute Fotografie benötigt wird, um ihn mit dem verlorenen Bruder zu vergleichen, wird nur der Hinterkopf fotografiert, zudem entblößt – „kahlgeschoren" (66) – von jeglicher persönlicher Haartracht. Der gesuchte Bruder, der Verlorene, fällt zudem wie ein Schatten auf den jüngeren Bruder, sodass der – bildlich – keinen eigenen Schatten werfen kann, also nicht zu einer eigenen Persönlichkeit wird. Schließlich erkennen sich beide in einem Spiegelbild (vgl. 174). In Chamissos Novelle, die zudem zum Bezugspunkt für E.T.A. Hoffmanns *Geschichte vom verlornen Spiegelbild* wurde, fand Treichel die psychologisch angelegte Beschreibung der Selbstfindung/Selbsterkenntnis für seinen Text *Der Verlorene*, den man auch im Zusammenhang mit Sigmunds Freuds Überlegungen zu Narziss und Narzissmus und Jacques Lacans *Das Spiegelstadium als Bildner der Ichfunktion* betrachten kann.

Man kann den gesamten Bericht als die Darstellung eines Jugendlichen lesen, der sich dadurch von der Belastung durch den verloren gegangenen älteren Bruder, durch die sich ausschließlich auf das Schicksal des Erstgeborenen gerichtete Suche der Familie und das Trauma der Mutter befreien will. In ihm sehen die Eltern nur den Zweitgeborenen, vielleicht auch das „Russenkind" als Folge des „Schrecklichen", aber offenbar nie die eigene Persönlichkeit. Nachdem der Erzähler die Belastung durch den verlorenen Bruder – möglicherweise – in einer psychologischen Behandlung oder durch eine davon auferlegte Selbstbehandlung überwunden hat – wobei dieser Bericht entstanden sein könnte –, steht ihm nun eine weitere Behandlung zu seiner Herkunft bevor. So wie er sein „Spiegelbild" hasst, so lernt er den Schmerz seiner Eltern hassen, den er durch seine Anwesenheit, die ständig auf die Abwesenheit des älteren Sohnes hinweist, und durch die Erinnerung an seine erzwungene Zeugung auslöst (vgl. 140). Noch aber sind ihm Details dieser Vergangenheit, die für diesen Hass verantwortlich ist, unbekannt.

Psychologische Grundkenntnisse erweisen sich als hilfreich, um die Beziehung zwischen dem Erzähler und der Mutter zu verstehen. Die gesamte Niederschrift durch den Erzähler ist ein Vorgang der Bewältigung, dem Erinnern und Wiederholen vorausgehen, Begriffe der psychoanalytischen Theorie Sigmund Freuds. Zwischen der Mutter und dem Erzähler bestehen unausgesprochene Beziehungen, die die Mutter zu verdrängen versucht. Wenn sie in dem zweiten Sohn, dem Erzähler, das Spiegelbild des älteren Sohnes sieht, war er aber nur „das, was sie nicht hatte" (140). Gerade das aber, eine Art schlechte Kopie des älteren Bruders, will er nicht sein, sondern er strebt danach, seinem Bruder immer „unähnlicher" (58) zu werden.

Doch liegt die Beziehung zwischen Mutter und Erzähler noch tiefer, verdeckt von einem unaussprechbaren Geheimnis: „Ich war im wahrsten Sinne des Wortes zum Heulen, doch begriff ich erst viel später, warum das so war." (140) Eine zentrale, mit Freuds Ödipus-Komplex erklärbare Szene ist die zwischen Mutter und Erzähler vor dem Fernseher, wenn auf dem Bildschirm „Intimitäten" (31) zu sehen sind. Eine Variante dazu steht in Treichels Roman *Anatolin* (S. 36), dass der Ich-Erzähler „in dem Bauch dieses Mädchens herangewachsen" ist, das einst seine Mutter war. Diese Beziehung zur Mutter wurde dem Erzähler zur Belastung. Auch der Erzähler in Treichels Roman *Anatolin* begegnet dieser Belastung und sucht sein Entkommen aus der Falle (vgl. *Anatolin*, S. 57). Verstärkt wird das psychologische Moment in dem Roman *Menschenflug* (vgl. S. 38 ff.), in dem die Frau des Helden Stephan, auch er ein Alter Ego des Erzählers im *Verlorenen*, Psychoanalytikerin ist und die Träume ihres Mannes – es sind die des Erzählers aus dem *Verlorenen* – erklärt (vgl. *Menschenflug*, S. 64 f.). Verwiesen wird in *Anatolin* im Zusammenhang mit *Menschenflug* auf Freuds Traumdeutung (vgl. *Anatolin*, S. 9).

Zugespitzt psychologisch sind im *Verlorenen* zahlreiche Situationen. Eine davon ist, dass der Erzähler sich gesichtslos fühlt, also keine Persönlichkeit bekommt und diese für andere auch nicht von Interesse ist. Hinzu kommt, dass der Erzähler letztlich auch heimatlos ist. Die Eltern und der Bruder stammen aus Ostpreußen und waren dort „zuhaus" (7). Zwar gelingt den Eltern in der jungen Bundesrepublik der finanzielle und wirtschaftliche Aufstieg, aber eine Bindung an die neue Heimat Ostwestfalen finden sie nicht, auch nicht der Erzähler, der aber zusätzlich auch kein früheres Zuhause hat. Deutlich werden psychisch begründete Situationen auch in der Beziehung des Erzählers zur Mutter, wenn sie gemeinsam im Fernsehen „eine intime Szene" (31) sehen. Dabei kommt es zu „Verlegenheit und Beschämung" (31), die zu Erstarrung und Atemlosigkeit führen, ohne dass eine Ursache genannt wird. Auch befindet sich der Erzähler in der Pubertät (vgl. 139); der Mutter wird ärztlicherseits bescheinigt, nicht über „den Verlust" (48) des Sohnes Arnold hinweggekommen zu sein. Das bildet gemeinsam die Erfahrung des Erzählers, dass er in der Beziehung zur Mutter keine Rolle spielt, weil diese nur ihr verlorenes erstes Kind im Sinn hat. Der Erzähler erfährt keine Zuneigung von der Mutter, die er erwarten könnte und möchte. Erklärbar ist das mit Freuds Narzissmustheorie und Ödipuskomplex, sowie Lacans *Spiegelstadien*.[92]

Selbst in sprachlichen Vorgängen haben sich im *Verlorenen* psychologische Vorgänge niedergeschlagen. Freud betonte, dass Kinder z. B. eine eigentümliche Lust an Wiederholungen haben, auch am Erzählen von Geschichten und Fragenstellen, was mit ihrer „Unkenntnis aller quantitativen Beziehungen"[93] zusammenhänge. Wenn die spätere Erziehung, die normalerweise Mäßigungen und Hemmungen bringe, nicht zur Wirkung komme, „im Unbewussten des Traumes, beim Monoideismus[94] der Psychoneurosen, [so] tritt die Unmäßigkeit des Kindes wieder hervor."[95] Damit lassen sich auch die Widerstände des Erzählers gegen die Suche nach dem verlorenen Bruder psychologisch erklären.

---

92 Vgl. Sigmund Freud: *Der Untergang des Ödipuskomplexes*. In: ders.: Essays III (Auswahl 1920–1937). Hrsg. von Dietrich Simon. Berlin: Verlag Volk und Welt, 1988, S. 107.
93 Vgl. Sigmund Freud: *Jenseits des Lustprinzips*. In: ders.: Essays III (Auswahl 1920–1937). Hrsg. von Dietrich Simon. Berlin: Verlag Volk und Welt, 1988, S. 40, Anm. 41.
94 Konzentration des Bewusstseins auf eine einzige Vorstellung.
95 Ebd.

LITERATUR

Zitierte Ausgabe:

Treichel, Hans-Ulrich: *Der Verlorene*. Frankfurt am Main: Suhrkamp Taschenbuch Verlag, 13. Aufl. 2016 (suhrkamp taschenbuch Nr. 3061) → Erstausgabe der Hardcoverausgabe 1998, EA der Taschenbuchausgabe 1999.

Weitere Quellen:

Treichel, Hans-Ulrich: *Begleitheft zur Ausstellung der Stadt- und Universitätsbibliothek*. Frankfurt am Main, 12. Januar – 29. Februar 2000.

Treichel, Hans-Ulrich: *Der Entwurf des Autors. Frankfurter Poetikvorlesungen*. Frankfurt am Main: Suhrkamp Verlag, 2000 (edition suhrkamp 2193).

Treichel, Hans-Ulrich: *Der Verlorene*. Mit einem Kommentar von Jürgen Krätzer. Frankfurt am Main: Suhrkamp Verlag, 2005 (Suhrkamp BasisBibliothek SBB 60) → Nützlicher Band mit kommentiertem Text und Begleittexten aus Treichels Werk sowie der kritischen Durchsicht der Sekundärliteratur.

Treichel, Hans-Ulrich: *Menschenflug*. Roman. Frankfurt am Main: Suhrkamp Verlag, 2005.

Treichel, Hans-Ulrich: *Tagesanbruch*. Erzählung. Berlin: Suhrkamp Verlag, 2016.

Treichel, Hans-Ulrich: *Tristanakkord*. Roman. Frankfurt am Main: Suhrkamp Verlag, 2000.

Treichel, Hans-Ulrich: *„Was ich betreibe, ist die Erfindung des Autobiographischen". Ein Gespräch mit dem Lyriker ... von Jeanette Stickler*. In: Frankfurter Rundschau. Kulturspiegel. 4. März 1998, Nr. 53, S. 30.

Lernhilfen und Kommentare für Schüler

Bernhardt, Rüdiger: *Hans-Ulrich Treichel. Der Verlorene.* Hollfeld: C. Bange Verlag, 2. Aufl. 2009 (Königs Erläuterungen und Materialien, Bd. 446) → Vorgänger des vorliegenden Kommentars nach anderer Konzeption.

Bernhardt, Rüdiger: *Günter Grass. Im Krebsgang.* Hollfeld: C. Bange Verlag, 2013 (Königs Erläuterungen und Materialien, Bd. 416).

Bernhardt Rüdiger: *Jurek Becker. Bronsteins Kinder.* Hollfeld: C. Bange Verlag, 2005 (Königs Erläuterungen und Materialien, Bd. 434) → Die beiden zuletzt genannten Kommentare beschäftigen sich zwar nicht mit Treichel, aber mit vergleichbaren Vorgängen im Zusammenhang mit den Wirren des Kriegsendes 1945.

Geisenhanslücke, Achim: *Geschichte und Abwesenheit im Roman der neunziger Jahre. Anmerkungen zu M. Beyers* Flughunde *und H.-U. Treichels* Der Verlorene. In: Literatur im Unterricht 2/2002, S. 177–185.

Krätzer, Jürgen: *Kommentar.* In: Treichel, Hans-Ulrich: *Der Verlorene.* Frankfurt am Main: Suhrkamp Verlag, 2005 (Suhrkamp BasisBibliothek SBB 60), S. 137–175.

Wilczek, Reinhard: *Familienkonflikte als Thema der Gegenwartsliteratur. Prosatexte von Hans-Ulrich Treichel, Birgit Vanderbeke und Zoë Jenny.* In: Deutschunterricht, Jg. 56/2003, H. 1, S. 21–25.

Sekundärliteratur

Braese, Stephan: *„Tote zahlen keine Steuern". Flucht und Vertreibung in Günter Grass' „Im Krebsgang" und Hans-Ulrich Treichels „Der Verlorene".* In: Paul Michael Lützeler; Stephan K. Schindler (Hrsg.): Gegenwartsliteratur. Ein germanistisches Jahrbuch. Tübingen, 2/2003, S. 171–196.

Eshel, Amir: *Die Grammatik des Verlusts. Verlorene Kinder, verlorene Zeit in Barbara Honigmanns „Soharas Reise" und in Hans-Ulrich Treichels „Der Verlorene"*. In: Sander L. Gilman; Hartmut Steinecke (Hrsg.): Deutsch-jüdische Literatur der neunziger Jahre – Die Generation nach der Shoah. Berlin, 2002, S. 59–74.

Garraio, Júlia: *Vergewaltigung als Schlüsselbegriff einer misslungenen Vergangenheitsbewältigung: Hans Ulrich Treichels „Der Verlorene" und Reinhard Jirgls „Die Unvollendeten"*. In: REAL. Revista de Estudos Alemães. Coimbra 2010, n .1 (Juli), S. 1–19 → Als Pdf abrufbar unter: https://publikationen.ub.uni-frankfurt.de/frontdoor/index/index/docId/24594 (Stand: März 2018).

Hage, Volker: *Auf der Suche nach Arnold*. In: Der Spiegel vom 23. März 1998, S. 244–249.

Hagestedt, Lutz: *Wer ist Findelkind 2307? Hans-Ulrich Treichels Roman „Der Verlorene"*. In: Badische Zeitung vom 31. März 1998, Kul. S. 4. → Online unter: http://www.hagestedt.de/rezensionen/b40Treichel.html (Stand: März 2018).

Knopp, Guido: *Die große Flucht. Das Schicksal der Vertriebenen*. München: Econ Verlag, 2001.

Liersch, Werner: *Eine Suche, bei der niemand findet. Spannend und tragikomisch: Hans-Ulrich Treichels Erzählung „Der Verlorene"*. In: Berliner Morgenpost vom 30./31. Mai bis 1. Juni 1998.

Löffler, Sigrid: *Der untote Bruder. Hans-Ulrich Treichels groteske Familiengeschichte*. In: DIE ZEIT vom 26. März 1998.

Müller, Wolfgang: *Hans-Ulrich Treichel: Der Verlorene*. In: http://www2.dickinson.edu/glossen/heft16/treichel.html (Stand: April 2018)

Müller, Lothar: *Der Verlorene*. In: Frankfurter Allgemeine Zeitung (F.A.Z.) vom 28. Oktober 1997.

Schaefer, Thomas: *Hans-Ulrich Treichel.* In: Hermann Korte (Hrsg.): KLG (Kritisches Lexikon zur deutschsprachigen Gegenwartsliteratur). München: edition text + kritik, Stand: 1. 3. 2006.

Schöwing, Torsten: *Phantom der Nachkriegszeit.* In: wortlaut.de Göttinger Zeitschrift für neue Literatur 1999. Online unter: https://archive.li/u0PfE (Stand: März 2018).

Schulz, Gerhard: *Das dauerhafte Grinsen im Opel Admiral. Westfälischer Unfriede: Hans-Ulrich Treichels meisterhafte Erzählung „Der Verlorene".* In: Frankfurter Allgemeine Zeitung (F.A.Z.) vom 24. März 1998.

Sorbello Staub, Alessandra: *Hans-Ulrich Treichel. Begleitheft zur Ausstellung der Stadt- und Universitätsbibliothek Frankfurt am Main, 12. 1.–29. 2. 2000.* Hrsg. von der Stadt- und Universitätsbibliothek Frankfurt am Main. Januar 2000.

Stickler, Jeanette: *Wäre er doch verhungert.* In: Rheinischer Merkur vom 13. März 1998, Nr. 11.

Wróblewska, Joanna: *Bedeutsamkeit und Auswirkung der Kindheit auf das Leben in Hans-Ulrich Treichels Romanen „Der Verlorene" und „Menschenflug".* Magisterarbeit Zielona Góra, 2007.

Materialien aus dem Internet

Eine Linksammlung zu Autor und Werk, auf zahleiche Rezensionen verweisend, bietet die Homepage der Universitätsbibliothek der FU Berlin:

https://isis.ub.fu-berlin.de/service_neu/internetquellen/ fachinformation/germanistik/autoren/autort/treichel.html (Stand: März 2018)

STICHWORTVERZEICHNIS